MUT zum
SINN

Zukunft ist Qualität

INHALT

1 . LUST ODER UNLUST IM LEBEN?

Glück hin, Schicksal her – was
bestimmt die Geschichte unseres
Lebens? Welche Ansichten wollen wir
kaufen, die der selbstgestrickten
Irrtümer oder die der objektiven
Sinngebung? Wie vermeiden wir es,
Gefangene des Zufalls zu werden? Wir
können ihn überwinden, nicht indem
wir ihn bekämpfen, sondern
ignorieren. Die Vielschichtigkeit des
persönlichen Glaubens mündet
letztlich in der Anerkennung der

Wahrheit. Man kann sie finden, wenn man nur will. Dem Sinn des Ganzen entkommt wohl niemand. Für den Menschen ist es der Wettstreit zwischen der Suche nach Erkenntnis und der Suche nach dem Glück. Was ist wichtiger?

Ist es die Freude am Diesseitigen oder die Erwartung von etwas Besserem, das die Lebenslust auf Dauer erhält? Was davon ist überhaupt leistbar? Dies zu ergründen ist die Aufgabe jedes Einzelnen. Vor den Rahmenbedingungen brauchen wir uns nicht zu fürchten. Oder werden sie zu schwierig? Was wird wirksam? Was stellen wir uns vor?

Die Erkenntnis müssen wir staffeln, um die zentralen Räume zu finden. Wie bewegen wir uns dorthin? Immer werden wir versuchen, alles zu unserem Nutzen auszulegen. Die Resultate werden unterschiedlich ausfallen, je weiter sich die Inputs voneinander entfernen. Die gigantischen Einflüsse der Erkenntnis helfen uns weiter.

Zu Beginn durchqueren wir die zeitgerechten Räume. Unterrichten wir uns auch richtig im Wirrwarr der

Themen? Welche Angebote werden der riesigen Anforderungen gerecht? Beeindruckend zeigt sich das Design des persönlichen Lebens. Kommt das große Licht herein, oder bricht es sich an unseren verfälschten Eindrücken? Die Macht des Überirdischen wird den Gesamtraum erfüllen.

Wie viele interessiert das überhaupt? Leben wir vielleicht in unserer Selbstüberschätzung auf zu großem Fuß? Die Proportionen des Denkens müssen stimmig sein, um das Ideale herauszufinden. Wenn wir einmal draufgekommen sind, werden wir auch noch genug Kraft haben müssen, uns zu äußern. Den Zugang zur Erkenntnis wird es schon geben. Nur nicht alle wollen ihn finden, oder suchen gar nicht danach. Manchmal erledigt die Entscheidung ein finanzieller, psychischer oder gesundheitlicher Abstieg. Dann wird der umgekehrte Wunsch Wirklichkeit. Es gibt kein Limit. Luft nach oben ist immer vorhanden.

Es soll ja Leute geben, die ihre Einstellung regelmäßig wechseln, etwa weil sie etwas Neues erlebt und überraschende Einbrüche erlitten haben oder einfach sich nur langweilen. Der Wandel hat die Wankelmütigen nicht unbedingt gefestigt. Bestimmte Elemente müssen wir immer wieder erneuern. Es könnte ja sein, dass etwas nicht ganz in Ordnung ist, dass irgendetwas fehlt. Die Linien des Lebens-Designs zeichnen verschiedene Aspekte. Sie sind unterschiedlich konzipiert. Die Wiederbelebung der Gedanken variiert. Wie ihre Interpretation ausfällt, bestimmt die Ambitionen des Einzelnen.

Genauer gesagt handelt es sich um die eigenen persönlichen Bedürfnisse und vielleicht auch die von jemandem anderen, die kombiniert werden. Daraus erhoffen wir uns positive

Auswirkungen. Vereinbaren wir uns doch zunächst den Termin mit uns selbst. Das Wissen kommt von außen. Möglicherweise liegt dort die Expertise des Welten-Denkens. Unbewusst erörtern wir dann unsere Situation.

Die Gedanken werden eventuell in den geistigen Netzwerken ausgetauscht. Irgendwie müssen ja die Traum-Räume der Vernunft realisiert werden. Die Raumstimmung sollte passen. Wir erzeugen sie selbst. Davon wird der Einfall des Lichts abhängen. Es kann sein, dass nicht die Romantik der Bequemlichkeit uns voranbringen wird. Damit müssen wir uns abfinden.

Es reicht, wenn wir die Temperatur unserer Entscheidungen gleichmäßig erhalten. Das tat schon unseren Vorfahren vor tausenden von Jahren gut. Sonderformen tauchen auf, die zum Vorbild dienen. Nicht alle sind nachahmbar.

Der positive Output ist keine Massenware. Er wird unter Umständen selten und exklusiv sein. Man weiß es nicht. Versprochen wurde er jedoch allen. Die unvergleichliche Formbarkeit des Menschen ist schon erstaunlich. Was kann diese Erkenntnis noch aufpeppen? Auf die zeitlose Wirksamkeit des Denkens kommt es an. Das unwiderrufliche Grundmuster ist bis in die Letzt-Zeiten vorhanden. An ihm wird wohl kein Weg vorbeiführen. Es hat für jedes Individuum seine Bedeutung, vielleicht auch seine Wirkung. Daher gilt es, den persönlichen Standort auszubauen. Schwankende Versionen führen kaum zum Ziel.

Was wird zur Fokussierung nötig sein? Die gültige Aussage gegen die digitale Schnelllebigkeit ist nicht so leicht auszumachen. Wenn wir Probleme mit dem Feeling des Übernatürlichen haben sollten, brauchen wir den perfekten Untergrund. Die Kontraste machen den Weg sogar reizvoller. Doch die schweren Garnituren sind nicht jedermanns Sache. Als Gegentrend zu allen schnelllebigen Abschweifungen gibt es ja die fixen Konstanten. Sie könnten großzügig Platz in unserem Leben einnehmen.

Da die Regale der Angebote bunt gemischt sind, wird es nicht ganz so falsch sein, die gängige Einstellung auf das Wesentliche nachzusteuern. Das raumfüllende Erleben wird sich schon irgendwie herausbilden. Dafür sorgt die persönliche Reife. Inmitten all der Umstürze findet sich die Wohlfühl-Oase der seelischen Zufriedenheit.

Somit sind wir wieder bei der Seele angelangt, ist sie doch das Kern-Merkmal unserer Existenz. Pro Individuum gibt es folglich nur eine Lichtquelle.

Auch wenn das Fixfertige bei der Menschheit seine Fans hat, stellt es unter Garantie nicht das Optimum dar. Entscheidungen auf Wunsch folgen meist einer schrägen Haltung. Es klingt zu sehr nach Fernsteuerung. Wäre es da nicht empfehlenswert, unsere Wünsche auf eine vielversprechende Zukunft zu visualisieren. Das Angebot ist aussagekräftig genug, um Zweifler zu überzeugen. Wir werden etwas zu beantragen haben. Unsere Verantwortung einfach abschieben, gilt nicht.

Wo erhalten wir dazu die nötige Expertise? Welchen Empfehlungen von wo auch immer folgen wir? Unsere Recherche greift auf die Historie. Wir sollten sie seriös lesen. Was nicht tatsachenorientiert gefestigt ist, setzt auf das Drauflos-Rennen. Das bietet keine nachhaltige Freude. Dem mühsam Erarbeiteten sollte eigentlich nichts im Wege stehen. Man täusche sich nicht, die Treffpunkte des Glücklich-Seins sind vorhanden. Regelmäßige Auszeiten und konstruktives Meditieren schaffen den kompletten Raum, erweitern und verschönern ihn sogar.

Die ständige geistige Erneuerung gehört zur Lüftung des eigenen Universums. Die Fläche der Hoffnung wird erweitert. Ist man unlauteren Alternativen zu sehr ausgesetzt, ist die Gefahr auf schreckliche Irrungen groß. Der absolute Vorteil des Schutzes findet sich, wenn wir die einzigartige Möglichkeit des genauen Hinsehens nutzen.

Der Platzmangel für das Übernatürliche drängt zu unguten

Entscheidungen. Da geht Raum verloren, der sonst doppelt genutzt werden könnte. Der Trend auf der Welt – zurzeit nicht in Europa -, für die göttliche Präsenz parat zu sein, kommt nicht von ungefähr. Immer mehr Menschen wünschen sich ein Vertrauen in etwas Höheres. Es ist nur nicht planbar. Wer versteht es, präzise hinzugucken? Das kleine individuelle Universum muss den Eingang in das größere finden können. Zuerst fällt der Blick auf das Spektakuläre. Nur wo gestaltet sich die Qualität des Großen, vor allem die des Lebens? Das

Einigende mit dem Übernatürlichen ist bestimmt durch die Erfahrung.

Es gibt eine Projektion der Gedanken, die von der Philosophie des Dauerhaften geleitet wird. Die geistige Sehnsucht wird zum Lead für alle Fälle. Doch nichts ist bestellbar. Die eigene Mitarbeit ist gefragt. So ergeben sich viele Anklänge an den obersten Raum des Werdens. Ihnen allen gemeinsam ist das Markenzeichen des Vertrauens.

Das Innere jedes Individuums ändert sein Gesamtbild. Sind die Gedanken agil genug, führen sie unwiderruflich zu einem klug ausgewogenen

Verhalten. So einfach fährt man nicht über die Schlaglöcher der menschlichen Existenz. Die Aufgaben werden mit zunehmender Zukunft immer ungewöhnlicher. Sie wird gewöhnungsbedürftig. Das Hoffen darf nicht auf der Strecke bleiben. Trotzdem wird sich das Sponsoring von oben nicht sofort einstellen.

Wir selbst sind für das Update der Beziehung zum Übernatürlichen verantwortlich. Es wird nicht einfacher, denn die Reichweite des Lebens wird größer und größer. Der Aufwand an Energie für den Lebenszyklus ist gewaltig. Noch dazu müssen die vorgelagerten Prozesse durchgestanden werden. Ohne gute Navigations-Instrumente ist dies nicht möglich.

2. WIE SIEHT DER LEBENSZWECK AUS?

Wir befinden uns im Modus des Handelns, ob im Arbeiten, in der Freizeit oder im Urlaub. Wir tun es einfach. Doch was steckt dahinter? Was macht Sinn, wo liegt der Zweck, wie baut sich der Zweck zum Tun auf? Wie finden wir den Zugang zum Erkennen? Haben wir es mit Glauben oder mit Hysterie zu tun? Zweifellos braucht es viel Mut, um in der Erkenntnis voranzuschreiten. Es beginnt damit, sich mit Zeit und mit dem Geschehen auseinander zu setzen. Schon seit Urzeiten werden die Bahnen des Philosophierens davon bestimmt. Die Resultate bündeln sich in der Schlussfolgerung zum Zweck des Lebens.

Viele Berufe sind auf Rationalität und auf Machbarkeit angelegt. Dass auch deren Repräsentanten imstande sind, sich der Transzendenz zu öffnen, kann aufgelistet werden. Wenn dann Manager bis zum Hals im Tagesgeschäft stecken, können sie über die großen ökonomischen Prinzipien nicht so richtig nachdenken. Deswegen sind ihnen die Auszeiten so wichtig. Immerhin entwickeln sie die Fähigkeit, ökonomische Kennziffern und Symbole zu entziffern. Das Gleiche könnten sie auch mit den Symbolen des Lebens betreiben. Bei Politikern ist es nicht viel anders. Sind sie etwa unwillig, mehr zu verstehen, als sie brauchen? Und was spielt sich bei Sportlern ab? Im Wettkampf zeichnen sie sich dadurch aus, kompetitiv und kreativ zu sein. Dann haben sie die Nase voraus und gewinnen. In allen Fällen tut es gut, sich auf die Konsequenzen zu konzentrieren. Somit ist die Basis jeder Entfaltung von Persönlichkeit die Selbstfindung. Die

Selbstverwirklichung ist davon nicht weit entfernt. Am Horizont werden die Ziele erkannt, wenn die Sinne nicht stumpf geworden sind und ins Leere blicken. Alles zwingt uns zum immerwährenden Neustart.

Was tiefergehend beeindruckt, ist das Unermessliche. Es lässt die Menschheit einfach nicht los. Diese neigt aber dazu, das Staunen allzu leicht wieder zuzuschütten. Die vielen Denker, die Platons, Kants und Poppers haben sich daran beteiligt, möglichst viel des Wesentlichen zu beschreiben. Mit dem Umschalten der Gedanken wurde plötzlich das Meiste anders gesehen, vieles noch vermutet, die Wahrheit unbedingt ersehnt. Die Theologie nennt es Umkehr. Andere wiederum haben versucht, die Irrwege und Sackgassen mit dem Versprechen des Negativen zu betonieren. Unterm Strich kommt etwas heraus, das über die Größe des Universums hinweg auf das Unermessliche verweist. Ohne das Übernatürliche ist die Menschheit leer. Sie braucht das Göttliche, denn diese Hingezogenheit bedeutet Leben.

Wenn die Menschheit etwas auf eigene Faust zusammenbastelt, stellt sie sich selbst in den Mittelpunkt. Sehr schnell brechen die manipulierten

Bausteine zusammen. Sie erweisen sich als ephemerer Nonsens, als Einbildung, als bloßer Schall und Rauch. Neuen Mut macht nicht die Neugier auf das Wunder Leben, sondern die Sehnsucht nach dem Darüber-Hinaus. Es bereitet Freude, das Echte auszubuddeln, auch wenn es viel Mühe kostet. Nicht das sture Beharren auf dem Zynischen eröffnet neue Pfade. Das Erkennen der Dinge wird zum Motor des eigenen Bestehens. Alles, womit wir zu tun haben, bleibt Sache des Göttlichen. Irrtum ausgeschlossen.

3. MOMENTE DES SEINS

Was machte es aus uns, als wir den Ablauf der Zeit in den Anfängen noch vor uns hatten. Wie schafften wir es, die Stärken zu artikulieren und die Schwächen zu vermeiden? So richtig konnten wir es doch nicht wissen, wohin die Reise gehen würde. Wie wurden die Hindernisse gesehen? Weniger die Abenteuerlust als die Neugier nach dem Neuen trieb uns voran. Was die Geschichte da so bot, war gar nicht so uninteressant. Und dann kamen sie, die Gedankenausflüge in die verschiedensten Regionen der Angebote des Lebens. Von allem Anfang an waren sie da, die Überlegungen. Rückblickend wurde alles viel klarer und war in Hoffnung auf die Zukunft ausgerichtet. Das Weltengeschehen wurde analysiert. Mit den verschiedensten Systemen konfrontiert zeigte es sich, wie es funktioniert. Der Blick durfte nicht allein auf den eigenen Herd gerichtet sein. Und es gibt sie, die Ergebnisse und Erkenntnisse.

Philosophische Ideen haben sehr wohl einen Einfluss auf soziale Schichten und Klassen. Auch die Zivilgesellschaft beurteilt nicht selten die Politik von der philosophischen Warte aus. Bei der erdrückenden Dominanz von Ideologien steht fortwährend der Aspekt der Gerechtigkeit vor uns. Gar nicht verwunderlich ist, dass es den Bürgern aufstößt, wenn politische Parteien, kaum an der Macht, in ihrer Verantwortung lasch werden. Sie beginnen zu intrigieren. Dann sind es immer wieder die gleichen Leute, die an die Finanztöpfe gelassen werden. Sobald die Gesellschaft totalitäre Züge annimmt, treibt die Gier der Masse auch die Raffsucht der Großen an.

Wie leicht verfallen Staaten in Nationalismus, jenem künstlich angereicherten Rauschzustand, der allen schadet. Jedes Land, jede Unit ändert sich mit der Zeit. Die Veränderungen auf Zukunft verstehen die Massen vorerst gar nicht.

Trotzdem wünschen wir, dass die Scharen der guten Sache folgen. Wie viele es dann sind, ist unerheblich. Die Zahl bleibt unabhängig von ihrer Größe ein Faktum. Das Gesetz der widersprüchlichen Gegensätze lässt grüßen. Wir, die Individuen müssen damit fertig werden. Der/die Einzelne hat die Möglichkeit, den Sinn zu entdecken und ihm zu folgen.

Was von vornherein massentauglich erscheint, ist gleichzeitig qualitätsarm. Im schlimmsten Fall produziert sich Masse in den Demonstrationen der Gewalt auf der Straße genauso wie auf Facebook oder Twitter. Wozu ist sie überhaupt da? Einmal ist sie zähe, dann wieder polemisch. Ihr fehlt das selbstständige Denken. Es wird laut gebrüllt, damit nicht gedacht werden muss. Lärm entspricht der Stupidität der Menge. Volksmassen sind gerne im Irrtum vereint. Die Konsequenzen sind für die Allgemeinheit dann oft hart.

Masse reagiert irrrational. Wenn sie überproportional negativ handelt, folgt sie den abstrusesten Begründungen. Ob sie irregewordenen Autokraten, manchmal Diktatoren oder einer autistischen Jugendlichen in voller Weltuntergangs-Panik folgt, ob sie in menschenunwürdigen Revolutionen hineinschlittert oder in das laute Grölen „Ans Kreuz mit ihm" einstimmt, sie wächst mit dem Unrecht. Nicht das einzelne Individuum gefährdet den Planeten, sondern stets die anonyme Masse.

Es kommt eben gut an, in der Welt die Muskeln spielen zu lassen.

Menschenrechte werden manipuliert und zu unlauteren Aussagen instrumentalisiert. Inwieweit hat Politik da ein Gewissen, um nicht nur die Stimme zu erheben, sondern auch Taten zu setzen? Wie sieht es damit am europäischen Kontinent aus? Leider gibt es zu Hauf die Gewinner aus Krisen. Was geschieht mit dem sogenannten pragmatischen Humanismus? Warum gibt es bei all der hinausposaunten Barmherzigkeit so wenig Mitgefühl in der Politik? Ist das der Fluch der Ideologien?

Es ist nicht gut, wenn Staaten und ihre Verantwortlichen eine Gegenwart vorgaukeln, für die sie immer größere Stücke der Zukunft verkaufen.

Hoffnung kann nicht auf ein Vielleicht ausgerichtet sein. Es entstehen viel zu viele Weltbilder, damit aber noch keine Glaubensgrundlagen. Die Weltansichten müssten sich von den Ideologien lösen, dann werden sie zu grundlegenden Glaubenssystemen geformt. Sind wir befangen in Ratlosigkeit, wenn wir vom Sein sprechen? Wie sieht der realistische Blick auf die Welt aus? Sie ist nicht undurchschaubar. Wir sehen den Zustand unseres realen Selbst. Und das zu erkennen, ist keine Privatsache und auch kein bloßes Hobby.

Verstandesmäßig arbeiten wir auf, was unser Weltbild ausmacht. Wir merken, wie wir unbeirrbar älter, aber auch erkenntnismäßig besser werden. Aufgebaut wird auf Erfahrung. Durch sie erkennt unser Wesen seinen eigenen Entwurf. Manchmal erahnen wir sogar das ideale Selbst, das wir sein könnten. Vieles bleibt rätselhaft, weil es so viel Widersprüchliches gibt. Menschen, die im Unrecht sind, könnten vielleicht Recht behalten. Alles geht mit seinem Gegenteil schwanger. Wir gewöhnen uns an das

Verrückte und wollen selbst nicht verrückt werden. Wenn uns das Unvernünftige bedroht, folgen wir ungern den rationalen Strategien.

Wir berufen uns auf die alten psychischen Instanzen, wenn wir unser Verhalten verstehen wollen. Wir konzentrieren uns auf Lustgewinn und Unlustvermeidung. Auf diese Weise passen wir uns an die konkreten Umweltverhältnisse an. Das ist grundsätzlich auch nichts Schlechtes. Freude inklusive Vergnügen ist ja ein göttliches Geschenk. Nur, was entlastet uns in der Sisyphusarbeit, wo Leben nicht ausschließlich aus

Hochgefühlen besteht? Der easy-Weg ist wohl kaum der richtige.

Eigentlich setzen wir alle unser Leben aufs Spiel. In welcher Weise, das ist uns überlassen. Plötzlich stellt sich das Teuflische, das Diabolische, in den Weg. Das altgriechische Wort ,Diabolein' hat die Bedeutung von Verwirrung. Das Verwirren hält vom Ziel ab, die Zielstrebigkeit wird auseinander gerissen. Dabei sollte doch die Zielorientierung im Zentrum des Geschehens stehen. Gehen wir in die richtige Richtung, oder kreisen wir wieder einmal um uns selbst herum?

Ständig sind wir Missverständnissen ausgesetzt, besonders wenn das Menschengemachte sich durchzusetzen sucht. Auch die Bemühung um Gleichheit ist ein Irrweg. Sooft sie postuliert wird, kündigt sich Unheil an. Vor dem Gesetz sind alle gleich, das ist klar und gesellschaftlich unentbehrlich. Ansonsten ist Gleichheit ein Trugbild, es gibt sie niemals und nirgends. Wo wollten wir sie hineinpacken? Nicht einmal das Gottesverhältnis zu jedem Menschen ist gleich. Es ist für jedes Individuum exklusiv, einzigartig. Wären alle Menschen gleich, wären sie nutzlos. Was das Postulat der französischen Revolution herbeigeführt hat, wurde im Kommunismus in einem noch perfekteren Horror ausgelebt. Die Vielfalt und mit ihr die Schönheit waren dahin. Der Kommunismus tobte sich in der Vergewaltigung des einfältigen Menschen aus. Einfalt führt zu innerer Armut.

„Ungleichheit ist nicht bedauerlich, sondern höchst erfreulich. Sie ist nötig", sagte der Nobelpreisträger Friedrich A. Hayek. „Aus der Tatsache, dass die Menschen sehr verschieden sind, folgt, dass die gleiche Behandlung

zu einer Ungleichheit führen muss."
Und was ist mit der absoluten Freiheit?
Zunächst einmal ist Freiheit eine
unmittelbare Folge der Würde. „Ich
bin ich" führt dazu, dass ich frei
Stellung beziehen kann. Eine
grenzenlose Freiheit jedoch, die auf
Ordnung verzichtet, ist nichts anderes
als launenhafte Willkür. Ihre
Dysfunktion erkennen wir daran, wenn
sie zum Missbrauch führt. Das
Individuum kann damit nicht
umgehen. Echte Freiheit fordert den
Menschen dazu heraus, sein Talent zu
nutzen. Die Freiheit der Entscheidung
kann ihm nicht genommen werden.

Aber sie kostet auch einiges an Anstrengung und Mühen.

Selbst in der Bibel wird derjenige gescholten, der seine Talente nicht nutzt. Es stimmt uns nachdenklich, wenn wir hören: „Wer hat, dem wird noch mehr gegeben, wer nicht hat, dem wird alles genommen". Bedeutet das, dass dort, wo der göttliche Bund vorhanden ist, noch mehr aus ihm entsteht? Wir sind aufgerufen, aus Talenten, aus Wissen und aus Glauben noch mehr zu machen. In Angst und Scham wollen wir doch nicht untertauchen. Das Sinnlose ist inakzeptabel.

Neue Fragen öffnen Visionen. Zu diesen brauchen wir einen Zugang. Sie bieten sich an, um die Situationen, die vor uns liegen, nicht so verschwommen zu sehen. Kein seriöses Unternehmen kommt ohne Visionen aus. Sie nähren die Strategien und das Tagesgeschäft. Sie helfen, über den eigenen Tellerrand hinauszublicken. Vision ist die Kunst, unsichtbare Dinge zu sehen. Insofern gelangen wir nie ans Ende. Haben wir einmal etwas halbwegs verstanden, werden wir sofort wieder instabil. Regelrecht diabolisch wird es, wenn wir voller Arroganz glauben, die

Wahrheit selbst zimmern zu können. Was ist schon wahr? Das, was sich der Mensch selbst ausheckt? Oder gar das, was für ihn gut sein soll? So strampelt er vergebens, anstatt der Wahrheit zu vertrauen. Die meisten träumen von einem Leben, das sie selbst festsetzen. Nur das gibt es nicht.

Menschen neigen nun einmal dazu, keine Kompromisse anzunehmen. Es ist auch nicht nötig. Wir könnten einfach die Fundamente unserer Existenz ernst nehmen. Wir finden uns selbst, sobald wir von den letzten Dingen des Seins überzeugt sind. Das könnte unbeirrbar richtig sein. Wenn wir uns darin schulen, kommen wir gar nicht auf den Gedanken, uns in eine vorgegaukelte Wirklichkeit hinein zu manövrieren. Das sich selbst Vorgekaute ist unbrauchbar, es ist subjektiv und realitätsfern. Oft merken wir es gar nicht mehr, dass es so ist. Das sinnvolle Leben entfaltet sich am besten in innerer Freiheit. Damit ist nicht Zügellosigkeit gemeint, nicht einmal die der Gedanken.

Unsere Fähigkeiten, die Übernatur zu begreifen, sind offensichtlich beschränkt. Das Leben ist es, das aus sich heraus Sinn schafft. Seine Negation ist Unsinn. Alles scheint sich zu verzerren, wenn wir das irdische Leben bloß als die letzte Möglichkeit sehen, etwas zu erleben. Letztlich wird alles gut, nicht tot.

4. TURNAROUND - UMBRUCH

Was tun, wenn die Antennen nicht
mehr funktionieren? Warum ist es so
weit gekommen, dass sie defekt
wurden? Das könnten wir uns
überlegen, wenn wir drangehen, sie zu
reparieren. In der Christologie ist die
Würde des Menschen manifest. Sie ist
die vorgegebene, unabänderliche
Konstante auf dieser Welt. Wieso
bleibt die Erkenntnis des Absoluten im
Alltag vielfach unbeachtet? Es wird
wohl an der Teilnahmslosigkeit des

Individuums liegen. Dann ergibt sich eben nicht das, worum es eigentlich geht. Ist es doch so, dass sich der Sinn und Zweck des geschaffenen Universums abrundet. Gleichzeitig spitzt er sich zu. Das Unvorstellbare ist eingetreten. Darauf hinzuarbeiten schafft Hoffnung. Wir könnten viel erreichen, wenn wir uns von der Ich-Bezogenheit lösen. Sich ausschließlich in das Ich zu verfangen, zieht nur Glücklosigkeit nach sich. Die Chance besteht, sich dem Urgrund zuzuwenden.

Die Wirkung geht nicht von Automatismen aus. An ihrem Anfang steht die Entscheidung. Es kommt darauf an, etwas zu tun oder absichtlich zu unterlassen. Das gilt es rechtzeitig zu erkennen. Es liegt schon auch im menschlichen Ermessen, warum man in welchen Konstellationen unausweichlich scheitern wird. Nur darf man dabei nicht allein bleiben. Da teilt sich die Mitverantwortung des Nächsten. Es sind nicht wenige, die der Unterstützung bedürfen, wenn es darum geht, die Traurigkeit aus dem Lebenslauf zu eliminieren. Die geistige Herausforderung hat ihr Potenzial. Sich um die Schwierigkeiten zu kümmern, wird zur interpersonellen Aufgabe. Niemand sollte vorbeischauen. Dies sind keine harmlosen Dinge. In solchen Momenten ist es müßig, darüber zu grübeln, wem es besser geht, wer benachteiligt ist oder nicht.

Wenn es Schwierigkeiten gibt, ist es das Natürlichste auf der Welt, sich darum zu kümmern, sie zu lösen. Es muss doch etwas geben, worauf sich der Mensch, sei es in den Höhen und noch viel mehr in den Tiefen, verlassen kann. Da geht es nicht mehr um Ansichten. Das Erlebte und das noch zu Erlebende sind im Spiel. Der Turnaround ist zu schaffen, aber nur über die Schiene der Zuversicht. Das Vertrauen aufzugeben, würde uns schaden. Der Entzug von Hoffnung und Glauben wirft Probleme auf, die das Individuum definitiv ins Bodenlose stürzen. Solange die Möglichkeit vorhanden ist, das Abdriften in die Sinnlosigkeit zu verhindern, kann die Hoffnung auf Zukunft nicht verspielt sein. Die Probleme werden nie eine größere Dimension erhalten als die Hoffnung, die zur Verfügung steht. Für wie viele ist die Hoffnung noch eine Kategorie?

Das Grundsätzliche muss unternommen werden, dann

erwachsen Chancen, die niemand im Vorhinein erkennen kann. Darum ist es äußerst relevant, über das Seiende Bescheid zu wissen. Die Höhen und Tiefen im Leben des Menschen sind nur beschränkt von ihm beeinflussbar. Aber die Praxis innerhalb dieser Größen, die Einstellung und das Tun formen das entscheidenden Bild. Die Erkenntnis ist nicht die Summe abstrakter Tatsachen. Ihre Umsetzung macht sie authentisch.

Wie gehen wir also mit unserer eigenen Zukunft um? Wollen wir sie und wie wollen wir sie? Wie gelangen wir in die Sensitivität des

Übernatürlichen? Engagement ist sicherlich eine wesentliche Voraussetzung. Der erarbeitete Zustand ist in uns selbst. Nicht einfach drauflos warten, aber es erwarten zu können, das könnte die Aufgabe erleichtern. Dass alles gut wird, dazu ist nur eine einzige Macht imstande. Sie ist überirdisch. Ich lebe erst, wenn meine Wünsche erfüllt sind, ist die falsche Einstellung. Sofort muss in vollen Zügen nach den richtigen Maßstäben gehandelt werden. Schließlich treibt das Verlangen uns an, macht uns lebendig.

Fragen über Fragen und dazwischen nicht immer nur befriedigende Antworten. Inkongruent werden sie vom Leben gegeben. Also müssen wir den Blick über den Horizont hinaus richten. Diesem Drang zu widerstehen, wäre gefährlich. Gerade da werden wir daran erinnert, dass der Mensch nicht für sich allein da ist. Im christlichen Gedankengut sind wir nicht mit einem beliebigen Humanismus konfrontiert. Aus der Bibel hört man den Aufruf zur Nächstenliebe. Der Text im Hebräischen lautet: „Nur wer sich selbst liebt, kann seinen Nächsten lieben". Übersetzungen haben diese

Aussage leicht verwischt, nicht ihren Kern verändert. In den gegebenen Momenten werden wir auf unser eigenes Wohlergehen achten. Irgendwann einmal gelingt es vielleicht, uns von der Ich-Zentriertheit zu lösen. Dann steht nicht mehr das alleinige egoistische Wohlbefinden im Mittelpunkt. Das Lieben funktioniert nur über die Distanz zu sich selbst. Ist es die altruistische Wellness, die wir an uns selbst verspüren? Nicht wir stehen im Zentrum, schon gar nicht unser Ich, da schon eher der Urgrund des Seins.

Momentan saugt die Gesellschaft wie ein Schwamm den Übergang von

Wellness zur Selfness auf. Der Genuss motiviert, weniger die Selbstreflexion, um das eigene Ich zu verändern. Der treibende Kult der Verherrlichung des eigenen Ich gefährdet die gesellschaftlichen Strukturen. Das reine Do-it-yourself-Prinzip schafft viele Anhänger, aber nicht die Befreiung aus der Verlustzone von Vernunft. Das Ich entfaltet sich auf ganz andere Weise zum Positiven. Im Idealfall sehen wir uns als Teil eines größeren Zentrums.

Alles kreist wohl um einen Urgrund. Er findet sich im Sein. Unsere Sehnsüchte gehen in eine bestimmte Richtung. Ob das, was wir da treiben, auf Vollendung zugeht? Ist Erfüllung das Gegenstück zum Erlöschen? Offensichtlich ist sie das Unbekannte, auf das wir noch warten. Die ausschließliche Beschäftigung mit sich selbst ist letzten Endes unfruchtbar. Sie schwindet in unrealistischen Träumen. Die Zeit wäre gegeben, sich zu überlegen, was die Sinngebung mit sich bringt. Das einseitige Tun darf nicht zu sehr betont werden. Religion auf das Soziale zu reduzieren, ist zu kurz gegriffen. Die Ausrichtung auf die Endzeit ist umfassender, sie zeigt über diese Welt hinaus.

Albert Einstein, Begründer der Relativitätstheorie, äußerte sich so: „Im unbegreiflichen Weltall offenbart sich eine grenzenlos überlegene Vernunft. Wissenschaft ohne Religion ist lahm, Religion ohne Wissenschaft ist blind. Nicht Gott ist relativ, und nicht das Sein, sondern unser Denken". Entgegen dem allgemein verbreiteten Irrtum über Einstein, er hätte keinen Bezug zum Religiösen gehabt, steht sein Ausspruch: „Ich bin kein Atheist, doch das Problem ist für unseren begrenzten Geist zu gewaltig. - Es gibt nur eine Stelle auf der Welt, wo es kein Dunkel gibt und das ist Jesus Christus".

Es gibt sie also unter den Wissenschaftlern, versteckt oder offen, die Apologeten des Glaubens an Gott.

Isaak Newton, der Begründer der klassischen theoretischen Physik vermerkte: „Ohne allen Zweifel konnte diese Welt, so wie wir sie erfahren, mit all ihrer Vielfalt an Formen und Bewegungen, nur und aus nichts anderem entstehen als aus dem absoluten Willen Gottes, der über alles herrscht und regiert. Die wunderbare Einrichtung und Harmonie des Weltalls kann nur nach dem Plane eines allmächtigen Wesens zustande gekommen sein. Das ist und bleibt meine letzte und höchste Erkenntnis". Der Astronom Arthur Stanley Eddington stellte fest: "Die moderne Physik führt uns notwendig zu Gott hin, nicht von ihm fort. Keiner der Erfinder des Atheismus war Naturwissenschaftler. Alle waren sie eher mittelmäßige Philosophen."

Der bedeutende Mathematiker Carl F. Gauß stellte fest, "Wenn unsere letzte Stunde schlägt, wird es unsere unsagbar große Freude sein, den zu sehen, den wir in unserem Schaffen nur ahnen konnten." Der Genetiker Francis Collins, ursprünglich Atheist, erkannte in der Genetik einen Plan, der nichts dem Zufall überlässt. Seiner Ansicht nach sind „christlicher Glaube und Evolutionstheorie vollständig miteinander vereinbar". Evolution entwickelt sich aus sich heraus, aber nicht sinnbestimmend. Abseits vom naturwissenschaftlichen oder paläontologischen Hintergrund könnte man die Evolution mit folgender Metapher erklären: Lebenspartner sucht man sich nicht von einer hohen Aussichtswarte aus in der Absicht, diese/n oder jene/n aus einer Reihe von Angeboten herauszupicken. Sie/er findet sich aus den menschlichen

Begegnungen, eben wie das Leben so spielt. Auch Evolution findet nicht von oben per Plan die richtige Entwicklung. Und sie gibt nicht selbst vor, was der Sinn ist. Die zwecksetzende Evolution aus sich heraus ist praktisch unmöglich, weil sie weder einen Anfang bestimmt noch teleologisch etwas im Vorhinein festlegt. Sie drückt keine „Power"-Taste und keine „Leiser"-Taste, um den Ruhezustand des Mechanismus zu beenden oder zu beginnen. Sie erstellt auch kein Back-up oder lässt sich so ohne weiteres auf Werkeinstellung zurücksetzen. Und sie kann die Daten auch nicht mehr löschen. Sie sind unwiderruflich geschehen. Gerade weil die Evolutionstheorie keinerlei Aussagen über Sinn und Zweck des Daseins trifft, macht sie dem Glauben Platz.

Das Planen ist eine zutiefst menschliche Angelegenheit. Es ist immer zeitgebunden. Deswegen wird der Mensch das Übernatürliche, für das die Zeit irrelevant ist, nie begreifen. Nur vage kann er die Abwesenheit von Zeit umschreiben, am besten mit Ewigkeit. In seiner Vorstellung suggeriert er einen Weltenplan und eine Vorsehung. Doch der Urgrund plant nicht und denkt sich nicht etwas aus, er ist. Auch das Sein ist.

Einer der bedeutendsten Vordenker der Aufklärung, Gottfried W. Leibniz, war als Philosoph, Mathematiker, Diplomat, Historiker und politischer Berater recht universal unterwegs. Seine Erkenntnis: „Gott ist die erste Ursache aller Dinge: denn die beschränkten Dinge, wie alles, was wir sehen und erfahren, sind zufällig und besitzen nichts, was ihnen notwendige Existenz verleiht." Schon lange davor haben Denker des alten Rom ähnliches geäußert, so der römische Dichter und Philosoph Seneca: "Allen Menschen ist der Glaube an Gott ins Herz gesät. Es lügen jene, die da sagen, dass sie nicht an die Existenz Gottes glauben; denn in der Nacht und wenn sie alleine sind, zweifeln sie." Der römische Politiker und Schriftsteller Cicero formulierte: "Dass ein Gott existiert, ist so offenkundig, dass ich an der gesunden Vernunft dessen zweifle, der Gott leugnet." Der große deutsche Dichter Goethe, von dem gesagt wird, dass er Freimaurer war, äußerte sich: "Mag die geistige Kultur nur immer fortschreiten, mögen Naturwissenschaften in immer breiterer Ausdehnung und Tiefe wachsen und der menschliche Geist sich erweitern, wie er will: über die Hoheit des Christentums, wie es in den Evangelien schimmert und leuchtet, wird er nicht hinauskommen." Wir brauchen also den Blick auf das, was über unserem Horizont steht. Was suchen wir eigentlich angesichts der Kulisse von Glanz und Leid auf Erden? Die Sehnsucht nach etwas Grundbezogenem inspiriert uns.

Der Mensch bleibt in jeder Phase ein Suchender. Seit seinem Bestehen will er neue Welten erobern und in das noch Unerforschte hineinrücken. Im 21. Jahrhundert bekommt die

Weltraumfahrt eventuell einen neuen Auftrieb. Sie wird nur von altmodischen Skeptikern als nutzlos betrachtet, bringt sie doch Erkenntnisse auf vielen Gebieten, wie der Materialforschung und der Medizin. Sogar neue Eindrücke für die Philosophie werden eingebracht. Welche materiellen Welten werden sich dem Menschen noch eröffnen? Diejenigen, die aus ihren Weltraumkapseln auf den blauen Planeten schauen, erfahren die Sensation, wie wertvoll dieser erscheint. In welche Zonen der Mensch auch stößt, die eine Antwort auf den Ruf nach dem Sinn wird immer die gleiche und unverzichtbare sein. Das ist die Bedeutung des Absoluten.

5. BEWÄLTIGUNG

Wenn in der Ökonomie von Sinn gesprochen wird, stehen natürlich die wirtschaftlichen Interessen im Vordergrund. Damit sind nicht die Vorlieben für irgendeine Sache gemeint. Es zählt das, was ein Unternehmen weiterbringt. Manager bleiben gewöhnlich nicht bei der Beobachtung stehen, sondern greifen möglichst rasch auf die Zielproblematik zu. Ihre Vorgangsweisen sind nun einmal auf Ziele ausgerichtet. Das ist ein Prinzip, das auf das Komplexe noch mehr zutrifft als auf das Banale. Noch bedeutender wird es im Blick auf das Übernatürliche. Daran kommt niemand vorbei, es sei denn, man glaubt an die Macht des Zufalls.

Ob es den Zufall gibt oder was man von ihm zu halten hat, versucht die Philosophie seit eh und je zu beurteilen. Wir wissen nur, dass es im Verlauf der Ereignisse oft anders kommt als man denkt. Dass beispielsweise der römisch erzogene Germane Arminius die Römer im Teutoburger Wald vernichtend schlagen konnte, erschien niemandem der damaligen Zeitgenossen plausibel. Als plötzlich der Kommunismus kollabierte, überraschte es die gesamte Welt-Gesellschaft. Sind es bloße Kuriositäten der Geschichte? Wir stehen vor Konfrontationen des Weltgeschehens und der eigenen Existenz. Es ist oft unfassbar, was da so unerwartet geschieht.

Ein anderes erstaunliches Phänomen in der Betrachtung der Dinge ist die Regenerationsfähigkeit des Menschen. Er ist an allen Ecken und Enden regenerierbar, in der Physis, im Intellektuellen und auch im Emotionalen. Der Aspekt von

Auferstehung nimmt in der Sinneswelt der Seele einen eigenen Stellenwert ein. Sie macht die Sinngebung erst aus. Das Um und Auf unserer Existenz ist die Wiederherstellung. Dem Menschen ist es nicht unmöglich, in andere Erfahrungshorizonte zu dringen. Er tut dies auf intellektuelle Weise, aber nicht vorwiegend. Vieles wird von der Empfindung, dem Gespür bestimmt. Vom Primat des Intellekts sollte er sich dennoch nicht entfernen. Die mentalen Komplexitäten sind meist eingebettet in noch unbekannte Formate. Nicht selten eröffnet sich ein völlig unerwarteter neuer Blick.

Allerdings muss dafür etwas getan werden. Wir kennen das vom Sport. Tatenlosigkeit bringt uns nicht weiter. Und wir stellen fest, dass die Falle darin besteht, dass die Zeit eng bemessen ist. Die weitreichendste Katastrophe wird durchlebt, wenn das Individuum sein Leben in Form einer Lebenslüge ausgerichtet hat.

Gewiss ist der Tod, dennoch will man ihn verdrängen. Was über ihn hinausgeht, interessiert nicht mehr. Als einziger Wunsch bleibt das materielle Wohlergehen in Form von Gesundheit und Wohlstand. Die Unabänderlichkeit des Todes quält den Menschen dennoch. Als einziges Wesen hat er ein Bewusstsein dafür entwickelt. Er hat auch die Fähigkeit, zu objektivieren und zu erwägen. Ihm wird bewusst, was für ihn elementar wichtig und was weniger bedeutsam ist. Die Abberufung vom irdischen Leben fällt niemandem leicht. Immerhin macht der Glaube eine hoffnungsvolle Rechnung auf.

Wir sind in diese Welt geboren worden und werden das Irdische verlassen. Werden wir dennoch weiter bestehen? Würde etwas anderes einen sinnvollen Zweck erfüllen? Das Sterben macht nur Sinn, wenn ein Ziel dahinter steckt.

Dieses sollte mit Entschlossenheit angepeilt werden. Damit ist die Hinwendung zum Unbegreiflichen erklärt. Nachdrücklich betont der Apostel Paulus, dass Christus das Leben bedeutet, somit das Sterben Gewinn ist. Demnach kommt wirkliche Lebensqualität erst im Anschluss an das Sterben auf. Offensichtlich gibt es viel zu verlieren oder viel zu gewinnen. Das zumindest sollte man akzeptieren. Davor sich zu drücken, wäre Selbstbetrug.

Die Brutalität des Weltlichen macht uns so zu schaffen, dass wir allzu leicht an der Wahrheit vorbeischlittern.

Erscheint uns die Vorfreude auf das Mögliche wirklich banal? Es kann gelingen, den Kern des Geheimnisses herauszufinden. Zu sehr beschäftigen wir uns damit, uns vor dem Unvermeidlichen zu schützen. Mit vorgespielten Lebens-Illusionen stilisieren wir uns zu Künstlern des Verdrängens. Die Vollendung verspricht ganz etwas anderes, als wir erwarten.

Der Klassiker des Meditierens, die geistige Übung, verlangt Aufmerksamkeit. Die Kunst der aufgelösten Hingabe stößt in zwei unterschiedliche Richtungen vor, entweder ins Nichts oder in einen Sinn. Unsere Zukunft wird davon bestimmt, wie wir unser eigenes Interesse pflegen. Die Achtsamkeit gebührt dem Nächsten, der Natur und generell dem Sein. Sind es nicht Narren, die sich dem verweigern? Allzu leicht könnten sie aus dem Boot des Daseins gespült werden. Es war auf den Übermut der Konstrukteure und Kapitäne der Titanic zurückzuführen, als sie meinten, dass ihr Schiff nie sinken würde. Alles hat seine Konsequenzen. Wie reagieren wir auf sie?

Wir können das Leben nicht negieren, seinen Verlauf auch nicht so einfach abschreiben. Erzittern wir vor lauter Unruhe? Unbefriedigend ist ein Leben ohne Erfüllung. Mit dem Rücken zur Wand ist es schwierig, den richtigen Ausgang zu finden. Deswegen richten wir die Antennen neu aus, um nach dem Unverzichtbaren zu suchen. Wozu sind wir da auf der Welt? Wie könnte man denn sonst leben als in der Geborgenheit des Übernatürlichen?

Es ist keine Spielerei, die da im vereinsamten Prozess eines jeden Menschen abläuft. Eine positive Sterbenskultur ergibt sich nun einmal aus der Anerkennung des Mystischen. In der Erlebniswelt der Mystik spielen sich keine romantischen Action-Schauspiele oder atmosphärischen Geistergeschichten ab. Dramen und Betrug gehören eher zu den Highlights des Materiellen. Im Dasein der Menschen gibt es noch genügend andere Aspekte, die reizen. Diese Momente sollte man nicht versäumen, denn sie können auch nie mehr wieder nachgeholt werden.

Der einst prominente Europa-Politiker Otto von Habsburg drückte es so aus: „Der wichtigste Tag im Leben eines Menschen ist sein Todestag". Auch das Sterben am Kreuz auf Golgatha war ein einmaliges nicht wiederkehrendes

Ereignis. Somit darf der Mensch nicht passiver Teilhaber am Sterben sein. Der Tod ist mehr als nur ein dummes Schicksal. Es macht schon etwas aus, wie man die Tatsachen hinnimmt, ob in einem resignativen Defätismus oder in voller Bewusstheit auf Zukunft.

Wie entkommen wir dem Defätismus? Wenn wir uns dem Sinn widmen, können wir uns gar nicht treiben lassen. Annehmen ist nichts Passives, wir gestalten mit. Wir schaffen nicht das Geschehen, aber wir formen es mit. Das steht uns frei. Der Reifungsprozess erfolgt, wenn wir uns selbst nicht so wichtig nehmen, obwohl wir das Wichtigste für uns sind. Sinnstiftung hat eben mit Weisheit zu tun. Manche meinen, der Sinn sei eine psychische Kategorie. Vielmehr ist er in die Philosophie einzuordnen. Dort kristallisiert er sich als Religion.

Nach christlichem Verständnis hat das Göttliche persönlich durch Weihnachten in das Weltgeschehen eingegriffen. Wurde das im Wirbel der Umbrüche vergessen? An der ersten Weihnacht wurde unzweideutig Erleichterung und Befreiung angeboten. Lasten und Kummer werden nebensächlich. Wer will sich da von den Faktoren der Schöpfung wegdrehen? Mag sein, dass viele Menschen sich zu sehr darauf konzentrieren, das Absolute anzuflehen, anstatt es zu verehren. Immerhin wird uns möglich gemacht, „den inneren Feind zu besiegen, keinen Widerwärtigkeiten zu weichen und unseren Tod aufzulösen", wie es Paulus proklamiert. Oder wie Augustinus feststellt: „Gott ist der Gründer aller Harmonie des Weltalls und seine Beziehung zum Menschen ist ebenso absolut und notwendig wie die Formel eines geometrischen Lehrsatzes".

Wir wissen, die vollkommene Autarkie des Menschen gibt es nicht. Die Selbstanbetung wird ihn nicht frei machen. Woraus schöpft er dann seine Würde? In diesen Kontext schneidet die Bedeutung des Kreuzes ein. Das Scheitern wird signalisiert, mit ihm auch die Enttäuschung. Dann erst kommt die Erlösung zur Geltung. Woher kommt die Kraft, die alles neu macht? Das Heil für die Menschheit ist unübersehbar. Wir könnten zumindest kurz einhalten und nachdenken. Es geht nicht mehr um Gefühle, sondern um Entscheidungen, wenn man sich auf das Überirdische einlässt. „Es ist eine Täuschung, vorsätzlich so zu leben, als ob man nie sterben würde" unterstreicht Papst Franziskus. Täuschungen können einem das Leben zerstören.

Das Zusammenspiel von Wollen und Intellekt ist eine der entscheidenden Vorgaben, den Täuschungen zu entkommen. Fähigkeiten verkümmern, wenn sie nicht gepflegt werden. Durch Desinteresse und Inaktivität stellt sich Atrophie genauso in der Metaphysik des Individuums ein. Man muss schon wollen und handeln, um die eigene geistige Kapazität weiter zu entwickeln. Wenn der Mensch dafür nichts tut, wird er von den Umständen von Bord geworfen. Die Neigung zum seelischen Down-Grade wächst. Fatalismus macht sich breit. Aus der Patsche hilft nur, wenn wir die Aufmerksamkeit auf die Wahrheit richten. Wenn es gelingt, sich davon berühren zu lassen, könnte es bereits der erste Schritt zur Befreiung von inneren Zwängen sein. Die Methodik besteht im Erfahren und Lernen. Es inspiriert, den Ursachen und Zusammenhängen nachzugehen.

Anstatt uns auf das Metaphysische einzulassen, jagen wir den absonderlichsten Vorstellungen nach.

Die Ablenkungsmanöver der Alternativen sind ersichtlich. Zwangsweise folgen wir Suggestionen, die sich letzten Endes als gekünstelt erweisen. Ist es die Angst, die von der religiösen Spiritualität ablenkt? Oder ist man einfach zu faul, sich umzusehen? Eine Gemeinschaft zeigt, wie hilflos sie ist, wenn sie in Grundsatzfragen nachlässig wird. Dann neigt sie leichter zur Aggressivität. Falsche Schlüsse sollten nicht einfach unter den Teppich gekehrt werden, das hat seine Folgen. Auf Dauer bleibt die Sache unbefriedigend offen gelassen. Es lohnt sich, die weltliche

Belastung mit metaphysischer Entlastung auszugleichen. Die Reaktionen lassen sich in allen Lagen ausbessern. Spiritualität muss erst erarbeitet werden, aktiv und passiv.

Grenzerfahrungen kann man nicht umgehen. Wer glaubt, sich ihnen entziehen zu können, irrt sich. Die geordnete Grenzenlosigkeit zeigt sich als mystische Erfahrung. Sie bringt die ganze Wirklichkeit näher, zugleich Vergangenheit und Zukunft. Die Vergangenheit und die Zukunft zu entdecken, macht Gegenwart. Seit eh und je sind wir in der jeweiligen Moderne angekommen. Mystik ist nicht die Abfolge von menschlichen Schritten auf das Übernatürliche hin. Sie ist umgekehrt der Schritt Gottes auf den Menschen zu. Das macht den Kern des Immateriellen aus.

Das menschliche Gewissen ist in der Geschichte jedenfalls vorhanden, das individuelle ebenso wie das kollektive. Wir spüren es an der Beschäftigung mit der Vergangenheit und an den Aktivitäten der Wiedergutmachung nach sinnlosen gegenseitigen Vernichtungen. Die seltsame Wesensart des Menschen ist unverkennbar. Das aus der Vogelperspektive an Ameisen erinnernde Getümmel bei Großveranstaltungen oder die Millionen auf den Autobahnen zirkulierenden Autos, löst ein gewisses Erstaunen aus. Wir sehen, wie die Hyperkonzentrationen in den Megastädten oder sonstige Pressorgien die persönliche Freiheit behindern. Die Schönheit dieser Welt liegt möglicherweise wo anders. Diesen Druck müssen wir wohl aushalten. Man muss die Menschen eben nehmen, wie sie sind, andere gibt es nicht. Sie sind zwar zielstrebige Wesen, vielleicht zielen sie zu wenig auf das Zentrale.

Der springende Punkt ist, dass es dem Übernatürlichen immer um den einzelnen Menschen geht. Das Göttliche distanziert sich nicht von ihm. In der Transzendenz wird Kraft angeboten. Mitten im Aufruhr der Welt findet sich plötzlich unerwartete Ruhe. Sie ist für den Menschen notwendig, will er nicht untergehen. Sind wir doch alle Kämpfer, selbst die Laschen und die Müden. Sie haben sich vielleicht nur niedergelegt, um abzuwarten, was wirklich geschehen wird. Wir kämpfen, um das Leben zu begreifen. Selbst aus Trotz werden wir dem Kampf nicht ausweichen können.

In das Außergewöhnliche einzutreten, erfordert Mut. Wir müssen uns nichts beweisen, wir wollen nur bestehen. Vieles wird nur mühsam zu erlernen sein, aber wir geben uns nicht geschlagen. Es ist nicht unanständig, nach der Wahrheit zu greifen. Der Kampf produziert sich in der Seele. Je näher wir an die Wahrheit herankommen, umso klarer wird die Perspektive auf Zukunft.

Wer offen kämpft, will nicht verharmlosen, was auf ihn zukommt. Furchtlos schmieden wir uns zurecht, wie wir vorgehen werden. Trotz aller auflauernden Unbilden mangelt es uns nicht an Unterstützung. Wir haben große Vorbilder, die bereits Zeugnis abgelegt haben. Wir sind also gut gerüstet. Dieser Stärke sollte man sich einfach hingeben, auch wenn es nicht leicht fällt, in ihren Genuss zu kommen. Es hat nichts mit Zauberei zu tun. So wie der Athlet seine Ziele nicht erreicht, wenn er nicht darauf hintrainiert, wird es auch dem Manager nicht gelingen, ohne Vorbereitung erfolgreich zu sein. Genauso wird die Erkenntnis des Seins nicht erreicht, wenn die Suche nach ihr in Passivität erfolgt.

Wann sind wir also bereit, die Macht der Seele als mystisches Phänomen zu schätzen? Die Seele inszeniert das Lebensprinzip jedes einzelnen Individuums. Sie wirkt nicht allein über das Bewusstsein, das wäre zu kurz gegriffen. Selbst wenn der Intellekt noch schmeichelt, bleibt die Seele immer wachsam. Frei von Unkenntnis, frei von Aberglauben, frei von Egoismus und Fanatismus zu sein, sind Vorgaben der Mystik. Sie entfernt sich von der Mittelmäßigkeit des profanen Denkens. Wenn das Christentum eine mystische Religion ist, dann sind Christen dazu verpflichtet, das

Übernatürliche in die tägliche Pflege einzubeziehen. Karl Rahner, einer der bedeutenden Theologen des 20. Jahrhunderts, meinte – und er hätte es in die Welt hinaus gepostet – „die Kirche der Zukunft ist eine Kirche der Mystik, oder sie wird nicht sein". Sie ist jedenfalls keine Erfindung des Menschen. Sie besteht auf den Aufbruch in eine neue Zeit, aber sie wird immer Kirche bleiben. Vor der Unbegreifbarkeit der übergeordneten Macht, die sie vertritt, muss sich der Mensch beugen.

6. VERWERFUNGEN

Wir sind dazu bestimmt, die Dinge im Leben nicht zum Scherz zu machen. Etwas ist falsch beim „Destructive Thinking". Wer das Leben nur als ein Stück Bios bewertet, also als ein Attribut eines lebenden Organismus, sieht zwar im Menschen eine höchst entwickelte Materie, doch sobald sie nicht mehr funktioniert, wird nur mehr der Unwert hinausposaunt. Trotzdem bleibt der ursprüngliche Wert, der das Individuum als Eigentum des Göttlichen klassifiziert, unverändert.

Damit hat jeder Mensch Wert und Würde. So steht es erstmalig und für alle Zeiten geltend in der Bibel. In seiner Würde hat der Mensch Geltung, das wird ihm vom Göttlichen gespiegelt. Die Missachtung der Würde führt zu seiner Zerstörung. Diese Erkenntnis hat ihren Weg bis in die Verfassungen moderner Staaten und der Vereinten Nationen gefunden.

Verwunderlich ist, dass sich das menschliche Naturell gegen die allumfassende Harmonie wendet. Intriganten treten auf und proklamieren Komplott und Vernichtung. Schon zu Beginn der

Menschheitsgeschichte haben
Menschen der Zusage Gottes eine
radikale Absage erteilt. Darin hat sich
bis heute nichts geändert.
Unverkennbar ist die Macht des
Negativen. Alle wissen, dass es nur
Ruinen hinterlässt. Aus der einmal
gesetzten Existenz ist es schwer
aufzulösen. Wer das Transzendente
los sein will, geht eine fatale Bindung
ein, nämlich die an sich selbst. Wenn
der Unglaube die Vernunft dominiert,
beeinträchtigt er den Denkprozess.
Wahrheiten werden umgangen, weil
man sie nicht erfassen will. Wer bloß
die Teilbereiche unseres Daseins in

den Mittelpunkt stellt, überspielt die Sinnfrage. Oft bleibt man beim Detail-Sinn stecken und vergisst, dass es noch einen Lebens-Sinn und einen Letzt-Sinn gibt. Sieht man nicht das Ganze, wird es gefährlich.

Will sich der Mensch durch seine Präpotenz kaputt machen? Es ist nicht zu übersehen, dass es in dieser Welt Sünde gibt. Die Theologie sieht in ihr nicht das Nein zu einer Norm, sondern die Opposition gegen das göttliche Prinzip. Im Hebräischen bedeutet ‚Sünde' das Verfehlen eines Ziels. Sündigen bedeutet demnach, gegen etwas Positives verstoßen. Mit der

Sünde bleiben wir an etwas hängen, das uns blockiert. Wir werden unfrei. Mangelt es am Verständnis für das Sinnhafte, macht sich die Lebensgier zum verzweifelten Ersatz einer Sinnsuche. Die Verweigerung des Übernatürlichen erhält übrigens auch einen gesellschaftlichen Anstrich. Sie stellt die Kollaboration mit dem Unrecht dar.

Die Verdrängung des Negativen funktioniert genauso wenig wie eine vorgetäuschte Selbstbewältigung. Ohne diese Erkenntnis besteht die Gefahr, das eigene Leben abzuerkennen. Wird das Positive aus dem Gedächtnis getilgt, wird man psychisch frigide. Zieht da die Dämonie Satans herauf? Gibt es diese Macht des Bösen überhaupt? Das Bezweifeln seiner Existenz lässt darauf schließen, wie zweideutig die Sprache des Negativen ist. Wer sich einfangen lässt, frönt der Selbstaufgabe. Das Unheil beginnt damit, dass die Gleichgültigkeit sich zur Passion des Vergessens steigert. Die großen Irrungen beginnen mit der kleinen Lauheit. Der individuelle Geist verwahrlost, die Hoffnung wird schnell verkauft. Wohltuend kann es nicht sein, in die Selbstausrottung zu schlittern. Es macht traurig, wenn uns die blühenden Gärten davon schwimmen. Wie schützt man sich davor?

Es gibt diejenigen, die unbedingt die Droge der Gewalt brauchen. Sie werden sich dessen nicht bewusst sein und sich auch nicht schämen. Wir werden mit ihnen umzugehen haben. Die Gesellschaft wird es nicht akzeptieren, die Schuldzuweisung auszuklammern. Sonst hätte nie jemand Schuld, die Täter wären immer unschuldig. Diese Absurdität ist unhaltbar. Und wenn Langeweile überhandnimmt, wem gehört dann die

Zuwendung? Wenn man gar nicht will, dass die Seele angesprochen wird, steht der unmittelbare existenzielle Kollaps bevor. Eine solche Fassungslosigkeit sollten wir aus dem Leben herausnehmen.

Wir toben herum und sind irgendwann dann wieder ganz schüchtern. Wir wissen nicht, wohin wir mit unseren Emotionen, Ahnungen und Empfindungen sollen. Doch die Unzufriedenheit erzeugt einen unseligen Unfrieden. Diesem folgt Angst, Enttäuschung und sogar Gewalt. Sie ist von Panik ebenso bestimmt wie von Gleichgültigkeit. Im Status des

Glaubens ist die Unruhe weg, wir könnten in uns ruhen. Deswegen sind die richtigen Lösungsansätze so grundlegend wichtig. Führen sie zum Erfolg, darf schon gefragt werden, wer dahinter steckt. Fühlen wir uns davon gar nicht betroffen? Man muss nicht stark sein, doch bedarf es eines entschiedenen Aufwandes, um sich dem Positiven freiwillig zu widmen. Vielleicht stellt es sich doch noch heraus, dass wir mit genügend Lösungsangeboten versorgt sind. Wir brauchten nur zuzugreifen.

Nicht die wütenden Antworten werden die Ratlosigkeit beruhigen. Die

Bewunderung wird nicht dem Negativen gelten. Die Suche nach Wahrheit erhellt die Fähigkeit der Wahrnehmung. Erklärungen tauchen auf, doch nur solche sind tauglich, die das normale Maß übersteigen. Monokausalität erweist sich meist als falsch. Wenn der Widerspruch aufgelöst ist, wird die Wahrheit und mit ihr die Gerechtigkeit obsiegen. Niemand solle glauben, dass ihm das nicht passieren kann. Warum? Das liegt über unserem Fassungsvermögen. Aber die Erwartung ist gerechtfertigt. Sie macht Sinn. Gibt es Enttäuschung, so ist es der Mensch selbst, der

Enttäuscht.

Glauben entwickelt sich nicht so einfach aus Versehen. Es hat immer eine tiefer liegende Ursache. Das Resultat der Auseinandersetzung wird hoffentlich positiv sein. In den freien Stunden einfach herumzulungern, nichts anzufangen zu wissen, ist nicht der Weisheit letzter Schluss. Der Mensch ist nicht allein auf Schlafen oder gar auf Nichtstun und faules Daliegen konzipiert. Es wird immer ein Ringen bleiben, wie richtig man etwas tut. Deswegen brauchen wir ein gesundes Gedächtnis für das, was gewollt ist. Ist das Verhältnis zu sich selbst gestört, bietet sich bald die unerklärbare Kraft der Dämonie an. Die Verständnislosigkeit klingt bis in den Wahnsinn hinein. In unberechenbarer Trance wird der Lebensstil verzerrt.

Vor dem Negativen dürfen wir die Augen nicht verschließen. Irgendwann einmal sind die Grenzen der Depression erreicht. Die Betäubung drängt sich auf. Der Verfall des menschlichen Wracks ist eigenverschuldet. Wer wagt es da, von Zukunft zu sprechen? Wie schnell versinkt doch die grundlose Euphorie menschlicher Machbarkeit. Als die

Probleme zu Obsessionen wurden, kam es zum Crash. Im großen Quantum der Menschheit wurde damit viel Unheil produziert. Wenn negative Entwicklungen expandierten, war es für schnelle Gegenmittel meist schon zu spät. Glauben besteht nicht darin, Sätze einfach für wahr zu halten, sondern zunächst einmal im Schauen und Hören. Die Sozial-Wissenschaft nennt es Perzeption. Auf die Wahrnehmung kommt es also an. Von ihr hängt ab, wie wir die Dinge auffassen. Wir müssen uns die Fähigkeit erarbeiten, das Geschehen richtig zu sehen und einzuordnen.

Spiegeln wir einmal die Gedanken von dem, was bisher geschehen ist, auf uns selbst. Wir sehen wie das Streben unser Tun bestimmt. Dies ist nichts Schlechtes, bis unvermutet aus jeder Ecke unsere Unzulänglichkeit hervorlugt. Missbräuche und Verfehlungen deuten in Reihe darauf hin, wie unvollkommen das vom Menschen Fabrizierte ist. Es zeigt sich in der Gesellschaft, beim Staat, in der Kirche oder im privaten Leben. Dessen ungeachtet strengen wir uns immer wieder an. Der Aufwand füllt uns aus, wir sind auf ihn angewiesen.

Aus allem von uns Geschaffenem blickt uns die Überholbarkeit entgegen und dennoch freuen wir uns auf das jeweils Nächste. In vielem, das vom Menschen zusammengesetzt wurde, ist schon der Zusammenbruch ersichtlich. Wir erblicken überall den Staub und Unrat, das Weggeworfene, den Abfall. Wie viel Müll der Mensch produziert, merkt er schon daran, wie oft er den häuslichen Mistkübel entsorgen muss. Wie viel Unrat durch die Gesellschaft anfällt, zeigt die malträtierte Natur. Luft-, Lärm-Licht-, Boden-, Wasser-verschmutzung führen zur Zerstörung der Umwelt, Bei all dem wollen wir alles sauber haben. Mit Recht, andernfalls müssten wir im Müll ersticken. Wir hoffen auf das Saubermachen und erwarten eine Lösung.

Wie viel Schrott des Intellekts es ist, der ausgemistet gehört, wollen wir nicht wahrhaben. So viel Kram wurde aufgebaut, auf den man zu Beginn ganz begierig war. Im Laufe der Zeit wurde so manches wertlos. Das was bleibt, zählt. Dazu gehört auch Wissen. „Der Weise trägt alles mit sich". Das erworbene Wissen hilft, wenn man sich mit den letzten Dingen befasst. Solange wir nach immer Höherem streben, haben wir Spaß daran. Gerade deswegen sollten wir immer wieder zur wohltuenden Einfachheit zurückkehren. Auf diese Weise bleiben wir geistig gesund.

Das Auseinanderdriften der Einstellungen macht uns Mühe. Die Dissonanzen in der inneren Harmonie beginnen mit kleinen Rissen. Je weniger wir die sinngebende Überzeugung pflegen, umso größer wird die Distanz zu ihr. Die geistige Wachsamkeit ist eine wertvolle Fähigkeit, die nicht untrainiert bleiben darf. Das Bemühen um das Wahre muss gelebt werden, sonst bricht der

Kern der Person auseinander - nie nachlassen! Wenn wir das Gesagte nur vorbeistreichen lassen, üben wir nicht. Dann schwindet auch die Ahnung des Immateriellen. Am Ende würde der Tod mit einem Schlag alles zerbröseln. Vor allem ginge die Zukunft dahin. Wenn wir nicht üben, ist die Zukunft dahin.

Wenn die Brücken bereits brennen, kann nur mehr mit dem Löschzug der Veränderung der Brand gelöscht werden. Nach dem Übergang ist die Erkenntnis nicht mehr begrenzt, sie stellt sich ein. Auf die Qualität unserer Beziehung zum Göttlichen wird es ankommen. Demut spielt die dominante Rolle. Sie ist eine Grundhaltung, in der das Individuum aus freien Stücken akzeptiert, dass sich etwas Höheres ankündigt. Da drängt sich die Bereitschaft auf, das Wesentliche zu bejahen. Davon hängt jede individuelle Existenz ab. Das hat nichts mit Resignation zu tun.

Interessant ist, dass man heutzutage, wenn Großartiges geleistet wird, im Sport das Wort ‚Demut' öfter hört als in der Politik oder in der Wirtschaft. Wenn wir durch Größenwahn kein Gespür für das Ausmaß der eigenen Schwäche haben, werden wir den

Ausweg aus den Zwangslagen des Lebens nicht finden. Es genügt, die eigenen Grenzen zu erkennen, dann haben wir die geistige Unzulänglichkeit bereits besiegt. Um den Weg sinnvoll zu gehen, brauchen wir Klarheit. Die müssen wir uns erst erarbeiten. Demut hängt mit dem gegenwärtigen Augenblick zusammen.

Macht es denn Spaß, wie eine Marionette zu strampeln? Erst wenn wir gefunden haben, was wir wirklich benötigen, erfahren wir brauchbare Freude. Nur wann haben wir sie gefunden? Die Flucht vor der Realität bringt nichts. Den schlummernden

Sehnsüchten bieten sich die verschiedensten Experimente an. So viele Zusagen gibt es, was schaut dabei heraus? Therapien können in Wahn ausarten, wenn schamanische Zeremonien oder euphorisierende Drogen die Vernunft ausschalten. Psychodelische Scheinwelten vernichten das Individuum am Ende. Sie erfüllen die Manipulation der Seele. Dem Unausweichlichen können wir nicht entgehen, selbst wenn wir uns den Zwängen der Zeit unterwerfen. Irgendwann würde im seelisch-geistigen Gewebe der Muskelriss passieren. Das produziert

Narben. Sie werden zu unseren Schwachstellen. Nur durch geistige Bewegung werden sie geglättet.

Auf den innerweltlichen Vorteilen zu beharren, das bringt keine Nachhaltigkeit. Dann neigen Menschen dazu, das Göttliche als eine Art Maskottchen einzuteilen, damit alles gut geht. Ahnungslos laufen sie auf dem Band der Selbstüberschätzung in Richtung des Negativen. Es wird unerträglich. Tun sie nichts dagegen, werden sie sich verirren. Haben sie sich einmal an den Überfluss gewöhnt, münzen sie alles auf ihre eigenen Fähigkeiten. Während sich die Masse im Dunst der Verzweiflung dahinwälzt, sucht das Individuum immer noch nach Ausgängen. Die Lösung kann es sich nicht selbst stricken. Sie wird ihm gegeben. Sie deutet an, dass das Göttliche immer mehr darstellt als was schon ist, auch im bereits Entwickelten.

Wer ist schon der Mensch, der den Kaffee über das Gewand schüttet oder mit der Nase gegen die Glastür donnert, um dann wieder aufgerichtet hocherhobenen Hauptes weiterzugehen? Krasser wird es, wenn er zu Gräueltaten und Gewalt neigt. Trotzdem bleibt er immer noch das viel geliebte Geschöpf. Das ist für uns nicht so einfach begreifbar, es stößt sich an unserer Einfalt. Wir sind aber damit gemeint. Auch wenn nur wir selbst unseren eigenen Schmerz verspüren und sonst niemand, gibt es vielleicht doch noch jemanden, der davon weiß. Es ist ein magischer Moment. In ihm müssten wir die Leistung des ‚Menschensohnes' verstehen. In der Historie offenbarte er sich als Heils-Mittler. Als Mensch hat er Qualen freiwillig auf sich genommen, nicht weil er es musste, sondern um die Menschheit zu retten. Das ist das grundlegende Statement des

christlichen Glaubens. Viele
Fragezeichen bleiben. Darin liegt der
Anstoß zum Glauben. Die Zukunft darf
uns nicht entgleiten.

Gibt es den Urgrund des Seins? Kann
aus dem Nichts etwas entstehen? Eine
unübersehbare Perversion von Logik
tut sich auf. Der Fehler in unserem
Denken ist leicht erkennbar. Er bricht
immer dann hervor, wenn wir von uns
selbst ausgehen, anstatt vom
Übernatürlichen. Dann lassen wir in
Selbstüberschätzung zu, dass wir Opfer
eines falschen Schlusses werden. Die
persönliche Katastrophe könnte die
Folge sein. Wenn wir den Urgrund des

Seins suchen, werden wir dennoch nicht imstande sein, ihn von uns aus zu finden. Dennoch braucht es unsere Initiative. Wir schaffen keine Selbsterlösung, wir können uns nicht selbst befreien. Wir sind auf das Übergeordnete angewiesen. Wenn jedoch die Ehrfurcht verloren geht, verflüchtigt sich der Kontakt zum Göttlichen. Wir brauchen keine Angst davor zu haben, dass wir selbst aufgelöst werden. Wenn wir das Religiöse an den Rand drängen, sägen wir an unserem eigenen Lebensast. Es käme einer Kapitulation der Vernunft gleich.

7. WEGE AUS DER SACKGASSE

Eine der wichtigsten Optionen für den Menschen besteht darin, den Weg aus der Hilflosigkeit zu finden. Wurde uns diese Möglichkeit wegamputiert? Wo liegen denn die Stolpersteine zum Hoffen? Wie kann sich die einzelne Person bei tiefgehenden Fragen von ihrem Unbehagen loslösen? Wie kann sie die Freiheit der Gedanken erhalten, ohne irre zu werden? Hoffnung sollte sich nicht dem Zwang aussetzen, sich ständig nur dem Angenehmen hinzugeben. Trotz allem ist sie imstande, die absolut positiven Botschaften in ihrem Gedächtnis abzurufen. Sie kann die Dynamik des Zukünftigen leben. Dabei hilft es, sich all das vorzustellen, zu dem man sonst nicht Zeit hat.

Es nützt, die Bilder zu kombinieren, auch wenn sich das materiell ausgerichtete Denken anfangs dagegen stemmt. Der Glaube an das Absolute ist auch vom Alltag nicht ausgeschlossen. Es darf sich nur nicht verkrampft in einer aufoktroyierten Tod-do-Liste einschließen. Es vergrößert in jeder Phase des Lebens die eigene Sichtweise. Die Harmonie mit der Schöpfung gehört dazu. Es ist eine Binsenweisheit, dass es Leitlinien der Natur gibt. Sich über die natürliche Ordnung hinwegzusetzen, bringt den Menschen um. Die Natur schlägt sogar zurück, wenn wir gegen ihr System verstoßen. Es wird mit der Vermüllung, der Ausbeutung und dem Hass so gelebt, als ob wir zu den letzten Generationen dieses Planeten gehörten.

Es muss sich in der Einstellung etwas ändern, aber nicht aus Angst, auch nicht aus dem Verstand heraus, sondern aus einem unverhohlenen

Empfinden von Freude. Vor den Versäumnissen soll man sich hüten. Sie auf das Übernatürliche zu übertragen, wird schwer nachzuvollziehen sein. Die Vorstellung von dem, was hinter der Natur steht, füllt das Vakuum der Seele. Wenn wir konsequent über die letzten Dinge reflektieren, werden die positiven Nachwirkungen nicht ausbleiben.

Die Inspiration kommt aus der Seele, aus einem Umfeld der Ruhe. Sie ist ein Phänomen des Erkennens. Sie kommt, wenn man sich für etwas interessiert. Die Intuition indessen ist ein Ideen-Sprung, der vom Gehirn ausgeht. Sie ist nichts animalisches, sie ist eine hochentwickelte Form des Denkens. Und dann ereignet sich die Meinung. Doch die Meinung des Menschen ist nicht das Letztgültige. Sie ist irrelevant im universellen Streben. Meinungen entarten sehr schnell in Fundamentalismen. Deren nebulose Unklarheit nimmt die Sicht auf die Wahrheit.

In all der Verwirrung der zahlreichen Meinungen gibt es etwas, das der irdischen Vorstellungskraft enthoben ist, das Absolute. Der Physiker und Theologe Bernhard Philberth konkretisiert in seinem Buch „Der

Souverän": „Der schöpferisch allgegenwärtige Gott schafft, was Er will, wie Er will. Kraft seines souveränen Willens gibt Er geschaffenen Wesen, die Ihn als Gott, Herrn und Richter wollen und frei wählen, an Seiner Gottheit Anteil. Warum ist es nicht selbstverständlich, dass der Name dessen, der das All geschaffen hat, heilig ist?" Das Göttliche öffnet den Zugang zu seiner Schöpfung, und bietet dem Menschen den Bund an. So geschah es laut den Berichten.

Es ist klar ausgedrückt, dass nur Gott die Macht hat, sein Leben hinzugeben,

Leben zu nehmen und wiederzugeben. Gott ruft ins Dasein und seinem Anruf steht die Antwort des Menschen gegenüber. Von daher haben wir verantwortlich zu leben. Nach christlicher Interpretation stehen wir in einem Wir-Du-Bezug zur Höheren Macht. Nicht per SMS oder Twitter, sondern Aug in Aug reden wir mit dem Göttlichen. So gibt Religion mehr zu verstehen als bloß geäußerte Gefühle an hohen Festtagen. Sie ist eine Verbindlichkeit. Das Glauben ist mehr als nur ein Medium.

Bei näherem Betrachten finden wir in jedem biblischen Fest einen spezifischen Sinn. Ein jedes hat einen Wert, der so profund ist, dass er angesichts der weltlichen Ungerechtigkeiten Wirkung zeigt. Die biblischen Botschaften von Frieden und Wohlwollen können nicht so einfach beiseitegeschoben werden. Verschreckt es uns etwa, dass die Allmacht nicht unbedingt im Glanz der Welt greifbar wird, sondern im grauen normalen Leben? Für versierte Christen ist es keine sachgerechte Option, nach einer Messfeier sich vom Sakralen abrupt abzuwenden. Das Göttliche zeigt sich nicht als eine separierte Macht, die im Alltag nicht mehr präsent ist. Die individuelle Erfahrung nimmt die Fülle des Erworbenen in die täglichen Abläufe hinein.

Das Glauben penetriert umso mehr die Gefühle, je mehr Wissen verfügbar und abrufbar ist. Die Frage nach dem Wert im Leben ist nicht so einfach abzuschütteln. Man beginnt, Richtung in die Zukunft zu legen. Jeder einzelne Mensch überlegt, in welchem Rahmen sein Dasein verläuft. Das Einzige, das wir in den Tod mitnehmen können, ist der Kontakt zur Transzendenz. Manche weisen dies von sich. Verpassen sie etwa den Lebenswert? Dieser fordert zur Antwort heraus, die auf den Ursprung des Lebens weist.

Für Gläubige ist Religion nicht museal, schon gar nicht perspektivlos. Aus der Ohnmacht im Irdischen, die ja vorhanden ist, ergibt sich als Ausgleich die Aussicht auf das Zukünftige. Daher ist es für Christen eben kein so beiläufiges Detail, dass jener Christus wiederkommt. Der Mensch nimmt das Wissen auf, er kann darum kämpfen. Er kann auch davor fliehen. Manchmal wird er von irrationalem Argwohn verfolgt. Lässt er sich einholen oder gar verletzen?

Wichtig wäre es, sich nicht einschüchtern zu lassen. Die Wunden heilen schnell, wenn man bereit ist, weiter zu machen an den Dingen, die einem wert sind. Es befreit, wenn man die Zeichen bereit ist anzunehmen. In den letzten Dingen kommt es nicht darauf an, was der Mensch will, sondern was ihm vom Absoluten übermittelt wird. Das Individuum entscheidet daraufhin, ob es sich davon angezogen fühlt oder lieber allein bleibt. Faszinierend sind die Möglichkeiten, die sich eröffnen, obwohl gleichzeitig die Spaltung durch Überheblichkeit, Übermut oder

Desinteresse droht. Aus diesem Grund sind das Beobachten, das Nachdenken und das Hinhören zwingend notwendige Methoden, um Informationen zu erhalten.

Es gibt eine globale Message für den ganzen Erdkreis. Ihr Entwurf durchbricht die gewisse Finsternis des Nichtwissens. Die Allmacht schuf den Menschen nach ihrem Vorbild, berichtet die Bibel. Wenn das stimmt, ist der Mensch keine nichtssagende Nummer mehr. In der Beziehung zum Göttlichen erkennt er seine wirkliche Funktion. Dann sollte er sie auch pflegen. Er ist wie jede Kreatur geschaffen, also ein unselbständiges Sein, ein Geschöpf. Ihm sind die Grenzen aufgezeigt. Diese Wahrheit erschreckt viele. Sie wollen nicht erkennen, dass sie materiell endliche Wesen und defizitär sind. Wir sind nun einmal Lebewesen, gesteuert von Trieben, Hormonen, Durst und Hunger. Allerdings wird dem Mandatsträger Mensch noch der Verstand zur Ausübung seiner Aufgaben mitgegeben. Der Mensch soll denken. Er ist dafür gemacht, an seine Grenzen zu gehen. Dann kann er sie auch in eine bestimmte Richtung überschreiten.

Dazu verfügt er über ein unverzichtbares Wesenselement, den freien Willen. Diese Freiheit kann ihm nicht genommen werden. Sie ist die Grundlage dafür, dass er selbst abwägen und entscheiden kann. Seine Verantwortung vor dem Überirdischen ist weder virtuell noch theoretisch. Der Mensch ist mehr als die Summe seiner Teile, andernfalls degradiert er sich zum Muster ohne Wert. Der Wert des individuellen Lebens muss doch größer sein als der Wert nur eines Teiles der eigenen Wirklichkeit.

Das innere Loslassen ist ein biblischer Aufruf. Das Bindeglied zur harmonischen Anschauung des Lebens ist im Kern-Gebet des Christentums festgelegt: „Vater unser, Dein Wille geschehe". Es wird sich nicht der menschliche Wille durchsetzen. Das, was geschieht, erfolgt definitiv nicht nach unseren Köpfen. Es drängt sich die Überlegung auf, ob wir selbst überhaupt Realität sind oder nur einfach „Vanitas". Durch das Glauben werden wir unserer eigenen Bewusstheit erst bewusst. Es fordert auch ein bisschen zur Begeisterung heraus.

Loslassen heißt nicht, sich davonmachen. Das würde einem Sich-

Wegwerfen gleichkommen. Loslassen macht nur Sinn, wenn es eine neue Dimension eröffnet, in die man hineinspringt. Ansonsten wäre menschliche Existenz nur ein Abbau des eigenen Ich, ein schmerzvolles Aufgeben. Die Begegnung mit dem Übernatürlichen wird zur Quintessenz des individuellen Existierens. Doch wem begegne ich wie? Umwerfend ist das christliche Axiom, dass der kleine Mensch zum unendlichen großen Gott „Abba", „Vater" sagen kann. Trotz dieser göttlichen Nähe wurde als oberstes Gebot überliefert, den Namen des Absoluten zentral zu halten. Der unendliche Abstand ist allein schon dadurch bedingt, dass das göttliche Sein etwas ganz anderes sein muss als die Existenz des geschaffenen Wesens. Es geht uns alle an, alle Menschen sind betroffen.

Über das Denken schaffen wir es, das Absolute anzuerkennen. Über das persönliche Tun wird es verherrlicht. Welche Bilder tauchen da auf? Welche lassen wir überhaupt zu? Unser aller Problem ist, dass wir zu sehr an uns selbst kleben. Die Symbolik des „Allmächtigen Vaters", in der bildenden Kunst oft als bärtiger Mann dargestellt, ist ja nicht so falsch, um zum Ausdruck zu bringen, dass die göttliche Stärke seit ewigen Zeiten - Realität kennt ja keine Zeit - jeder herausfordernden oder jungen Kraft nur so um die Ohren fliegt.

In Summe kommt heraus, dass der eigene Schwung nicht aus uns selbst heraus entsteht. Dazu agieren wir viel zu stümperhaft. Wenn wir das nicht einsehen, wirft es uns aus dem seelischen Gleichgewicht. Also müssten wir selbst die Zäsur in unserem Empfinden folgern. Wenn wir darauf vertrauen, wie das Erlebte gefügt ist, werden wir wohl kaum in eine ungesunde Passivität ausrutschen. Um dieses Prinzip heißt es zu kämpfen. Kein Kismet wird uns davon ausnehmen. Der innere Kampf bleibt ein menschlicher Willensakt.

Das sollte doch Mut und Auftrieb geben. Der vom Diesseits ausgehende Blick hat seine Orientierung gefunden. Der Glaube umschreibt, wovon und wofür wir leben. Das irdische Leben ist ein transitorischer Prozess. Damit ist aber nur der materielle Ablauf abgetan. Es gibt da noch die Ganzheit menschlicher Existenz. Worauf ist also das menschliche Individuum programmiert? Geht es ins Nichts oder in die Bedeutung? Der Blick fällt zwangsläufig auf jenen Jesus Christus, der nach christlichem Glauben nicht abstrakt gelitten, sondern ganz persönlich für jeden einzelnen Menschen geblutet hat. So begründen es diejenigen, die es so von ihm persönlich gehört haben.

Wir sind mit historischer Erfahrung und Faktizität konfrontiert. Um zu zeigen, worin die göttliche Barmherzigkeit besteht, ging der ‚Menschensohn' in den Tod. Das Göttliche schließt mit der Menschheit beim Abendmahl einen neuen Bund. Das gelingt unleugbar nur aus einer göttlichen Bewusstheit heraus.

Christus gerade mal als großen Propheten zu apostrophieren, widerspricht der innewohnenden Logik der Ereignisse. Alle Versuche, sie in die Bedeutungslosigkeit abzuschmettern, zerschlagen sich. Das Wort des Menschen bleibt Illusion gegen das Wort des Absoluten. Dessen ungeachtet dürfen wir trotz unserer schlechten Gepflogenheiten offen im Dialog mit dem Göttlichen stehen. So erklärt es die Bibel. Daraus ergibt sich, dass der Mensch den Sinn gar nicht finden kann, ohne das Göttliche zu spüren. Darum muss er diesen Christus kennenlernen.

Sinnkrisen werden zu Lernmomenten, um vernünftig auf die Zufriedenheit zuzugehen. Was trägt noch, wenn man in eine Krise gelangt? Keineswegs soll einer Vergeistigung der Dinge das Wort geredet werden. Aber die Bedeutung der Ereignisse vor zweitausend Jahren wird immer deutlicher. Sie sind keine Halluzinationen, sie bieten Perspektiven für eine neue Daseins-Weise. Sie offerieren eine Welt, deren Sicht der Mensch davor so nicht kannte. Jede singuläre Existenz der Menschheit, alles hoffende Streben, geht auf das Versprechen des

Auferstehens zurück. Man braucht sich keinen Verschwörungstheorien hingeben, wenn das Grab auf einmal leer war. Was danach kam ist kein Geheimnis. Das Geschehene durfte dem Menschen nicht vorenthalten bleiben. Die Kernaussage der Menschwerdung des Göttlichen liegt im Dialog, der angeboten wurde. Das Göttliche war und ist gegenwärtig. Diese Erfahrung veränderte die Menschheit.

Wie werden destruktive Muster durch positive ersetzt? Die bewusste Wahrnehmung setzt auf diese Unterscheidung. Das Positive ist erkennbar vorhanden. Das Negative entwickelt sich erst aus dem Entstandenen. Das Fatale kommt nicht von außen, es kommt von innen. Das begründet die so viel bestrittene Erbsünde. Sie zu negieren, wäre realitätsfern. Warum geht es denn in der Welt so zu, wie es zugeht? Warum gibt es überhaupt das Übel? Im weltlichen Jargon ausgedrückt, ist die Hölle nicht von Gott konzipiert. Sie ist ein selbst verursachter Zustand. Mit der Erschaffung der Freiheit ist das Böse nun einmal nicht mehr rückgängig zu machen. Wenn auf der einen Seite Hölle als Selbstausschluss vom Göttlichen gesehen wird, ist es verständlich, dass auf der anderen Seite das Heil steht. Der Liebe gegenüber wäre es unehrlich, gäbe es keine Hölle. Mit Hölle zu drohen, gehörte lange Zeit zu den Torheiten der Kirchengeschichte. Sie jetzt zu negieren, dürfte fatalerweise der gegenteilige Trugschluss sein. Die Theologie sucht permanent nach der Antwort.

Lieben wir das Leben? Es besteht nicht ausschließlich aus Wohlgefühl. Das verursacht Unverständnis. Doch ohne Leiden wird es kaum ablaufen. Wie es der Kommunikationsguru Rupert Lay ausdrückt: „Leiden ist ein Implikat des Lebens, es gehört einfach dazu". Nur so können wir es verstehen und auch annehmen. Die Angst und die Einsamkeit gewisser Stunden bloß passiv durchzustehen wäre unerträglich. Viel früher schon muss in das Ja-sagen zu den inneren Gegensätzen, die einen zu zerreißen drohen, investiert werden.

Wenn uns das Nichts anstarrt, der „Horror vacui", der Schrecken der Leere, werden wir mit unserer eigenen Nacktheit konfrontiert. Wir sollten erkennen, dass das Leid nicht im Willen Gottes gelegen ist. Man muss es auch nicht ausdrücklich suchen, man sollte es auch nicht nur erleiden, es verarbeiten ist die richtige Option. „Die Karwoche passiert hic et nunc", im Jetzt, formuliert der Theologe und Philosoph Niewiadomski: „Sie ist mit unserem Leben ident, weil das Leiden des Jesus Christus ident mit unserem Leiden ist. Dann ist es auch nicht kindisch, wenn wir den Palmsonntag als den Einzug mit Palmzweigen feiern. Die Karwoche hat die Dynamik von Aufstieg und Fall".

Gerade aus diesem Grund brauchen wir uns nicht einbunkern lassen, wir können alles offen an den Tag legen.

Wenn wir uns auf das Loslassen einlassen, könnten wir am Ende zum Neuen voll motiviert sein. Diese Haltung ist nötig für die zwingenden Stunden, in denen der Mensch allein ist. Auferstehung bedeutet, dass der Karfreitag nicht als das Ende des Weges deklariert ist. Er ist in der Karwoche des Lebens nur eine Station in Richtung Zielereignis.

Um sich dem Göttlichen zu nähern, durchtaucht der Mensch das Wechselspiel von Ohnmacht im Irdischen und Macht im Metaphysischen. Es lässt erahnen, was am eigenen großen Karfreitag passiert.

Es geht um die Furcht vor dem physischen Tod, vor dem radikalen Alleinsein, vor der Variante, ausgelöscht zu sein. Hölle bedeutet in der christlichen Analogie die Negation des Positiven, des Lebens, des Lichts, der Liebe. Unverhofft erwacht der Gedanke, dass es eine Abhilfe gegen die endlos brutale Einsamkeit gibt. Es ist ausschließlich die Gegenwart des Göttlichen, die alles überwinden kann. Die Erwartung des ‚Eins-Werden" ist der Karsamstag des Lebens. Danach folgt das österliche „Neu-Werden". Eine derartige Meditation, sinngerecht durchgeführt, ist imstande, die dunklen Stunden unseres Daseins zu erhellen.

Es ist der Auftrag des Menschen, sich dem Unermesslichen immer mehr zu nähern. Wie klein fühlt er sich doch und ist trotzdem im Universalen geborgen. Es ist nicht seine Sache, das Absolute zu verstehen. Weil der Mensch ernst genommen wird, wird er ja geliebt. Da geht es nicht um die enorme Überlegenheit eines unendlich weit entfernten Gottes, sondern um die Nähe der Liebe. Um das dem Geschöpf verständlich zu machen, war das Kreuz notwendig. Aus ihm strömt nicht der Schrecken des Ereignisses, sondern eine besondere Kraft. Sie verdrängt das Dunkel des Nichts. Durchzudrehen bringt nichts, leugnend abzuschieben zieht uns erst recht in den Strudel hinab. Es gibt keine einfachen Antworten. Die Vorschläge sind erstaunlich und sind Realität.

Das Emotionale erschöpft sich einmal. Die Ohnmacht, das subjektive Leid zu erklären, führt nur ins Ungleichgewicht. Sie verursacht den Schock, den niemand selbst bewältigen kann. Die Fragen des ‚Warum' oder des ‚Warum gerade ich' bleiben für unsere Reichweite unbeantwortet. Nichtsdestotrotz

stacheln sie uns an. Den Tod mental
verdrängen zu wollen, tut nicht gut.
Weil er ein radikales Ereignis ist, sollte
man ihn ernst nehmen. Schüttelt man
ihn lediglich ab, bricht eine Lethargie
des Endes aus. Solch eine Naivität
mündet in Angst. In die Zukunft
geblickt könnte der Tod als ein
Bindeglied zur Hoffnung angesehen
werden. „Wenn man nicht stirbt, wird
man nicht werden". Es gibt dazu genug
Redebedarf.

In einem Brief an seinen Vater schrieb
der weltberühmte Komponist
Amadeus Mozart, dass „der Tod sein
Freund ist und er seinem Schöpfer

dafür dankt. Was davor war, ist eine geschenkte Zeit, die es zu nützen gilt, bevor man sie wieder abgibt". Es gibt also genug Argumente, sich auf den definitiven Aufbruch vorzubereiten. Die eigene Lebenszeit zu kontemplieren ist eine Möglichkeit. Es zahlt sich aus, sich dafür Zeit zu nehmen. Am Zenit seiner Reife, nicht seiner Fertigkeiten, geht der Mensch hinüber und nicht früher. Es gibt Dinge, die hört man zwar, aber man begreift sie nicht. Dazu ist der Vorgang der Reife erforderlich. Irgendeinmal werden mögliche Angstreflexe durch praktische Glaubensvernunft ersetzt.

Absolut keine Angst zu haben, ist Hochstapelei. Die christliche Ratio hält dem Festhalten an der Materie entgegen, dass das Individuum nicht weniger wert ist, wenn es einmal zu Staub und Asche wird. Daraus erklärt sich die Logik der Seele.

Die Konfusion des Menschen angesichts des Sterbens ist unübersehbar. Schönheit, Gesundheit, Wissen, Reichtum lassen sich nicht hamstern. Dies bedeutet nicht, dass man all diesen Dingen in Selbstverachtung entsagen sollte. Auch im Alter ist man immer noch ein Werdender. Angesichts der vorhandenen Abbauprozesse wird die Sinnfindung intensiver. Dies beeinflusst wiederum die Frage des Lebensstils. Das Altern ist nicht aufzuhalten, trotzdem bedeutet es Zukunft. Die Verantwortung für den letzten Lebensabschnitt ist somit enorm groß. Doch in keiner Phase wird es ausreichen, allein auf das Materielle zu setzen.

Die Werte werden hin und her jongliert. Irgendwann stellt sich das irdische Fading ein, das Schwinden des Übertragungstons. Problematisch wird es, wenn der Empfangston zu schwach ist. Man kennt es von den alten

Radiogeräten, an denen mühevoll internationale Sender gesucht wurden. Wird nicht die richtige Wellenlänge gefunden, ist die Botschaft nicht zu hören. Noch könnte die radikal richtige Verbindung glücken, wenn am Empfangsgerät gesucht wird. Am Rad muss man schon selber drehen.

Wer sich öffnet, dem gelingt die Selbststeuerung. In dieser Überzeugung wird der Wandel erlebt. Vertrauen erzeugt Hoffnung, die überall hin mitgenommen wird, auch über den angeblichen Schlusspunkt hinaus. Die neuzeitige Verarbeitung von Informationen beschleunigt die

Verarbeitung aller möglichen Daten. Gelingt es, die Zeichen des Lebens zu erkennen, ist viel mehr erreicht, als man sich vorstellen konnte. Es bedeutet nicht das Festhalten an einem Strohhalm. Das Positive lässt sich aufsaugen. Es umschliesst das Um und Auf des Seins. Die Bemühungen um das Vertrauen sollen nicht müde machen.

8. PERSÖNLICHER EINSATZ

Es ist keine Illusion, mit dem Kosmischen bewusst im Einklang zu stehen. Unser Bestehen gewinnt an Mehrwert, wenn wir die eigene Entwicklung und die der Mitwelt fördern. Sich der Harmonie zu widmen, ist besser als nur das Schlimme zu sehen. Klänge sind nun einmal unterschiedlich. Mit unserer geistigen Plastizität schaffen wir es, das Wesentliche auf einen Nenner zu bringen. Der besagt, dass das Ende der

Zeit erst dann erfolgt, wenn das Widersprüchliche aufhört. Dem steht der Zufall im Wege, denn er hat weder Ordnung noch Plan. Letztlich setzt sich die übergeordnete Ordnung durch. Das ist Beruhigung für die Seele.

Wie sieht es also mit der Affinität von Körper zu Geist aus? Wenn wir nach einigen Zeitabständen uns im Rückspiegel unseres Lebenslaufes betrachtet haben, werden wir unseren Körper anders sehen. Er verändert sich ständig. Anders als bei den Körperzellen, die ständig neu gebaut werden, bleibt die Substanz der inneren Identität gleich. Wie erkennt man sich selbst? Man spürt und man fühlt sich. Die Art zu fühlen und zu denken ist unser konstantes Wesensmerkmal. Aufgrund unseres Reifungsprozesses ist einiges anders geworden, so hoffen wir doch. Wir arbeiten ständig an unserer Formatierung.

Sind wir einmal so weit, werden wir es gut finden, einen Masterplan zur Transformation parat zu haben. Er soll dorthin führen, wo es Sicherheit und Zuversicht gibt. Das Geistige hat den Anspruch, irgendwohin zu lenken. Es bereichert unser Menschsein. Hilfreich dabei sind Leitfiguren, die durch

schwierige Umstände lotsen können.
Sie verdeutlichen, wie der Kreislauf des
Sinnlosen durchkreuzt werden kann.
So möchte man Menschen
kennenlernen, die das wahre Glück
und die Zufriedenheit mit einem teilen.
Geistige Persönlichkeiten erfüllen den
Zweck, den Zugang zu den neuen
Perspektiven zu erleichtern.

In der Wirtschaft ist man erfolgreich,
wenn Grenzwerte angepeilt werden.
Es im Religiösen gleichfalls zu tun,
haben wir weitgehend verlernt. Der
Mensch ist ein planendes Wesen.
Wenn er über das Jenseits nachdenkt
und sich darauf einlässt, wird er sich

auf das Neue vorbereiten wollen. Das Planen ist nicht so schlecht, die Sorge ist es, die uns kaputt macht. Sich von den Sorgen auffressen zu lassen, bringt nichts. Sorgen machen uns egozentrisch, das ist ungesund. Stürzen sie auf uns ein, helfen nur mehr Glaubensakte mit Effizienz. „Heute zu leben als ob es der erste Tag wie der letzte wäre, der Einzige unseres Lebens", sagt ein treffendes Sprichwort. Wir erhalten den Hinweis, dass wir nicht durch passives Warten auf das Leben vergessen sollen.

Der göttliche Wille bestimmt, was das Wesentliche ist. Auch für heute. Es hat nichts mit Vorherbestimmung zu tun. Macht uns der angebliche Widerspruch zwischen freiem Willen und Vorsehung zu schaffen? Johannes Paul II. lieferte uns den Hinweis auf die richtige Einstellung, als er sein Pontifikat mit dem berühmten Aufruf „Habt keine Furcht" begann. Mehr als dreißig Mal kommt dieses Axiom in der Bibel vor. Es genügt, die Allmacht als solche zu bejahen. In dieser Ausrichtung das Leben zu steuern, bereichert unsere Existenz.

Was macht es mit uns, wenn wir Sport treiben, berufliche Aufgaben meistern oder auf irgendeine Weise Erfolge verbuchen? Es reicht, wenn wir den Auftrag annehmen, etwas vom Leben zu holen, etwas aus dem Gegebenen zu machen. Annehmen besteht darin, mit sich selbst gut umzugehen. Übermotivation trägt selten zum Erfolg bei, eher vertreibt sie vom Siegespodest. Wie weh tut es im Sport, als Favorit auf den Sieg durch Krankheit, Verletzung oder Pech verzichten zu müssen. Wie sieht es sonst aus bei Querschlägen, wenn Unglück zu verkraften ist oder wenn nicht alles läuft, wie man möchte? Solche Zustände dürfen das Mark der Persönlichkeit nicht aufweichen. Vor der Selbstaufgabe müssen wir uns hüten. Die Phasen des Ausreifens sind dazu da, uns zu stärken. Unsere Ideale und die fundierten Vorstellungen des Positiven werden uns voranbringen. Wir haben unsere Ideale, nur können wir sie nicht produzieren, aber wir dürfen sie pflegen. Dafür sollten wir dankbar sein. Wir sind nicht so ganz allein gelassen.

Es ist eine psychologische wie religiöse Feststellung, dass die positive Polung Selbstsicherheit bringt. Stehen wir doch zur überzeugten Bejahung. Sie fordert in weiterer Folge dazu heraus, diese Erkenntnis weiter zu geben.

Vielleicht kriegen wir es hin, größere Horizonte anzustreben. Diese Option sollten wir uns selbst angesichts der größten Hindernisse oder in der tiefsten Dunkelheit nicht versperren. In den Schieflagen des Lebens ist der viel versprechende Trost das Einzige, das es wert macht, nach dem Hinfallen wieder aufzustehen. So wie wir uns dem Neuen zuwenden, werden wir uns fühlen. Der Spruch „leben heißt, mehr Träume zu haben, als die Realität zerstören kann" fühlt sich doch äußerst lukrativ an.

Jeder Neuanfang beginnt damit, eine Blockade aufzulösen. Die größte

Entschlüsselung von Knoten erfolgte
vor 2000 Jahren. Damals wurde die
Gesamtheit der geschlossenen
Systeme mit ihrem verschlossenen
Denken aufgebrochen. Aus der
Kybernetik wissen wir, dass nur offene
Systeme neue Energie aufnehmen
können. Paulus, der erste christliche
Theologe, hebt hervor: "Wenn Jesus
Christus nicht wirklich auferstanden
wäre, Euer Glaube wäre eine naive
Illusion". Ganz klar, dass die
Auferstehung den Modus des
menschlichen Lebens bestimmt. Was
ist Welt, was ist Existenz? Was rauscht
vorbei? Die stete Wiederkehr des

Gleichen wurde damals in Betlehem und auf Golgota für immer unterbrochen. Aus dem Schlamassel des Immer-Wiederkehrenden zieht uns das Außerordentliche heraus. Die eintönige Wiederholung von Staub und Jahreszeiten als ewige Schlussfolgerung ist überwunden.

Gefährlich wird es, wenn das Handeln als relativ bedingt eingeordnet wird. Jedes Erlebnis, der Gang zur Arbeit oder die Fahrt in den Urlaub, das Einkaufen, das Versenden von Grüßen über welche Medien auch immer, all das wäre nichts als Albernheit. Macht es etwas aus, ob wir reisen, um unterwegs zu sein oder um anzukommen? Das Handeln wird erst durch Sinngebung abgerundet. Nur, was macht Sinn? Verläuft alles einfach so von selbst? Sind wir dem jeweiligen Umstand ausgeliefert, den richtigen oder falschen Weg zu beschreiten?

Verzweiflung ist fundamental das falsche Zeichen. Wir kommen nicht umhin, das Übernatürliche wahrzunehmen. Es hat etwas ganz Konkretes mit uns zu tun. Es nur im Vorbeigehen anzufassen, ist zu wenig. Wenn das Leben wirklich nur ein Zeitpunkt eines Augenaufschlages wäre, brauchte man gemäß der menschlichen Logik des Neides nur auf Glücksoptimierung und Gewaltorgien zu setzen. Es gibt eine andere Art, das Beste aus dem Leben herauszuholen, nämlich den Sinn als den Mittelpunkt zu begreifen. Der Mensch ist nun einmal das einzige Wesen der Schöpfung, in dem Geist und Materie ineinander greifen. In ihm verwirklicht sich das größte Gegensatzpaar des Kosmos: Rivalität versus Liebe. Wie funktioniert also Christentum?

Eine profane Version bestünde darin, nicht immer verbissen auf Konter zu gehen. Das hilft, so manche Problemsituationen zu bewältigen.

Dieser gesunde Aspekt für die individuelle Psyche wäre auch anwendbar auf öffentliche Krisen und Verantwortungen. Dabei erfahren wir, dass nicht wir es sind, die leiten, die aber dazu beitragen können, wie wir geleitet werden.

9. FLUG DER SEHNSUCHT

Die Frage, wie wir zur Freude kommen können, bleibt für viele offen. Für die Freude sind wir nun einmal geschaffen. Sie bleibt eine Sehnsucht, die seit Beginn in uns lebt. Sie ist eines der vitalsten Elemente unseres Bestehens. Sie wird immer zu erstreben sein. Vielleicht ist die Sehnsucht wirklich der Vorgeschmack auf das überirdische Glück. Scheinbares, vergängliches Glück wird uns nicht restlos befriedigen. Welches

Glück könnte uns die Antwort geben? Wo liegt es verborgen? Der ruhelose Geist sehnt sich nach der hinreichenden Erfüllung. Vielleicht ist es Realität, dass das wahre Leben schon im Diesseits beginnt. Dann dürfte es vielleicht schon in diesem Leben den absoluten Tod geben, der die Absenz vom Göttlichen bedeutet. Er drückt sich in der Non-Kommunikation mit dem Transzendenten aus. Bei vielen Menschen bedeutet der Tod Verlust, für überzeugte Christen ist er Gewinn, nachdem der Wille des Göttlichen die Freude ist. Die Begierde nach Leben tragen wir in uns. Was macht die Erkenntnis aus uns? Trotzdem sind wir nicht immer bereit, das Tun der höheren Macht zu bejahen.

Es ist unverkennbar, wir bewegen uns längst schon in anderen Zuständen. Das Problem ist nur, dass wir ständig mit Nebensächlichkeiten beschäftigt sind. Wir deklarieren unsere Wirklichkeit mit der Gleichgültigkeit von Zaungästen. Dabei findet der Kampf zwischen Wirklichkeit und Unwirklichkeit vor unseren Augen statt. Letztendlich hat er etwas mit Wahrheit zu tun. Wir tappen im Dunkeln und haben doch die

Möglichkeit, ans Licht zu kommen. Uns obliegt es nicht zu definieren, wer Gott ist, sondern wer wir sind. Den Drang, über all dem Nebel der Irrationalität hinweg dem Göttlichen nahe zu sein, wird es immer geben.

Mit diesen Sehnsüchten kann der Mensch viel erfahren, oder auch nicht. Er kann sogar schlussfolgern, worin der Sinn des Lebens stecken mag. Er sieht den Richtwert dafür, woher er lebt, woraus er sich definiert, was das Leben ist. C.G. Jung konkretisiert: „das Erlebte ist soundso nur die kurze Episode zwischen zwei Geheimnissen ist, das doch nur eins ist". Wir fragen, was ist das, wo wir sind und fügen typisch Mensch gleich hinzu, wozu nützt es uns? Prüfe deinen Zustand meint auch, prüfe deine Einstellung. Welche Sensibilität wir dafür aufbringen, liegt an uns selbst.

Es gehört zur Relativität, dass auch das Leben relativ ist. Wir merken es daran, wie wir uns selbst verändern. Nur unsere Identität, die Seele bleibt uns absolut. Sie arbeitet unaufhörlich, an ihr arbeitet es, an ihr arbeiten wir ständig. Alles dreht sich um die individuellen Aufgaben jedes Einzelnen. Wenn wir uns in Achtlosigkeit dem Übernatürlichen gegenüber verstricken, werden wir die brauchbaren Anhaltspunkte kaum finden. Was würde die gegenteilige Ansicht bewirken? Wollten wir etwa auf das Konzept des Widerspruchs setzen und mit dem Materiellen die Todeserklärung des Göttlichen inszenieren? Dann reicht es aus, den großen Pomp zu aktualisieren und unsere Unzulänglichkeiten aufzublasen. Es ist der sichere Weg in die Selbstrepräsentation. Sie gibt sämtliche Ideale auf und häuft damit mehr Mangel an, als dass sie Leere auffüllt.

Wie sieht das individuelle Lebenskonzept aus? Was wird wohl die Ultima Ratio sein? Indem wir nicht aufgeben zu suchen, sind wir bereits am Puls des Glaubens. Dort wird uns erklärt, dass das Göttliche nicht poltert. Es teilt sich mit. Die leisen Erkenntnisse sind es, die ziehen. Dann könnte es sein, dass die Sinnhaftigkeit klarer vor unseren Augen liegt. Gäbe es nur Unerfülltheit, wäre Apathie die Alternative. Will das der Mensch? Dem christlichen Denken liegen Ressourcen zur Verfügung, die ihre Sehnsucht aufwerten. Das Wertvolle liegt in der Konzeption, dass wir zum Leben geschaffen sind. Wir können in Zukunft nicht so unauffällig hineinstolpern. Irgendwo gibt es den Urgrund der Welten. Erwartet er uns wirklich, womöglich zeitlos? Das würde bedeuten, dass er dies viel länger und intensiver tut, als wir auf ihn warten könnten. Für unser Dafürhalten ist es ein Warten seit unendlichen Zeiten. Unsere Reaktion in der Zeit müsste also darin bestehen, nach dem Grund von allem zu rufen. Wachsamkeit ist angesagt, damit wir uns nicht vom Übernatürlichen isolieren. Die Knackpunkt könnte sein, wie sich der Mensch am Göttlichen orientiert.

Darauf hinzuleben, wäre gar nicht so ungeschickt. Der Kampf findet in der Seele des Menschen statt.

10. ANKER DER SOUVERÄNITÄT

Schwächen in Stärken verwandeln, gehört zu den typischen Maximen im Management. In der Philosophie und im kosmischen Umbruch sind es nicht immer die vor Stärke prahlen, die uns die seelischen Fertigkeiten beibringen können. Wie anders ist es sonst zu interpretieren, dass viele sich an Menschen mit Körperschwächen orientieren, die eine innere Kraft vermitteln. Sie leben glaubwürdig vor, wie sie aus der Widerstandskraft

neuen Schwung schaffen. Manche
Heilige waren von Krankheit
geschlagen und werden trotzdem
verehrt. Verblüffend ist ihre Vorbild-
Wirkung auf Menschen, die mit ihrem
Schicksal nicht fertig werden. Das
bestätigen auch Psychiater und
Psychotherapeuten. Keineswegs sind
da psychologische Methoden der
Fremdbeeinflussung oder der Hypnose
im Spiel. Es kristallisiert sich eher das
Gefühl einer Geborgenheit heraus,
wenn man sich in die Überzeugung des
Seins fallen lässt. Statt Verunsicherung
steht Freude auf dem Programm.

Das Leid macht die positive Einstellung nicht rückgängig. Trotzdem neigen wir dazu, links abzubiegen, wenn jemand uns sagt, wir mögen rechts ausweichen. Die Revolte steckt irgendwie in uns. Diejenigen, die das Vorhandene bejahend annehmen, erleben es aus der Erfahrung einer inneren Freiheit. Wenn wir negative Umstände mit aller Radikalität ändern wollen, wäre es ein fordernder und zugleich lohnender Auftrag. Sollte das einmal nicht mehr bis zur letzten Konsequenz gelingen, setzt die hohe Kunst des Annehmens ein. Der Wunsch wird bleiben, etwas zu ändern, auch wenn die Kraft schon ausgegangen ist. Aufgegeben wird nie, das entspricht nicht dem Naturell des Kämpfers. Annehmen und Kämpfen sind aus einem Stück gegossen. Dies ist der perpetuelle Ruf nach dem Sinn, wie er im Glauben gefordert wird.

Je jünger der Mensch ist, desto verbissener rennt er gegen das Unbegreifliche an. Je mehr er durch Erfahrung gereift ist, umso intensiver geht er an die Gegebenheiten des Unvermeidlichen heran. Dem Schmerz wird verträglicher begegnet, wenn etwas Höheres über allem steht. Heiterkeit war das erstaunliche

Merkmal der ersten Christen-Märtyrer, als sie nicht bereit waren, die Hoffnung auf das verheißene Leben aufzugeben. Sie erlebten jene Energie, die nichts verharmlost. Die begründete Furchtlosigkeit kreierte eine eigenartige Stimmung. Sie konnten die Herausforderung auf sich nehmen, weil sie die Kompetenz der Überzeugung hatten.

Eine solche Stärke muss man sich erst erarbeiten. Wenn Sportler oder Manager auf dem Weg zum Genuss des Erreichten sind, verhalten sie sich nicht anders. Es hat nichts mit Hexerei zu tun. Möglicherweise genügt es, wenn man möglichst eng am Geschehen dran bleibt. Die Motive mögen vielfältig, manchmal widersprüchlich sein. Entweder entspringen sie einer unbestimmten Angst oder einer unerschütterlichen Zuversicht. Unmissverständlich sind Signale im Spiel, die erkannt werden wollen. Sie provozieren zur Aufmerksamkeit. Sie sind für alle brisant, egal ob Draufgänger, Eliten oder Durchschnittsbürger. Sie alle brauchen eine fundierte Überzeugung.

Der Aufschlag im Spiel ist, wie die Redensart sagt, „die halbe Miete". Auch fürs Leben ist der Aufschlag eine nennenswerte Größe. Nie sollte man aus der Verkrampfung heraus loslegen. Besser ist es, locker zu beginnen und dann durchzuziehen. Den Schwung nimmt man ins gesamte Spiel mit. Das Gefühl der überlegenen Ruhe gepaart mit Schnelligkeit und Kraft in den Bewegungen kennt man auch aus den Kampfsportarten. In der Rasanz des Wettkampfs ist der Flow der Aktionen mit entscheidend. Die Balance zu halten, nicht übermütig zu werden, könnte man als wertvolle Maxime für den Alltag übernehmen. Eine so erarbeitete Haltung erkennt die Spielregeln des Lebens. Dann gelingt es auch, das Substanzielle, auf das es ankommt, nicht von der Euphorie des Vorübergehenden verdrängen zu lassen.

Die Zeit wird nicht nur als eine physikalische Größe den essenziellen menschlichen Überlegungen zugeordnet. Sie ist ein grundlegender Faktor der Lebensbewältigung. An uns selbst erkennen wir sinus-ähnliche Kurven, die wir am Zeitkompass durchlaufen. Unser Leben zieht sich ja nicht linear nach oben durch. Das Phänomen ist aus der Chronobiologie bekannt, jenem Wissenschaftszweig der Biologie, der sich mit der zeitlichen

Organisation von physiologischen Prozessen befasst. Er untersucht die Regelmäßigkeiten wiederkehrender Erscheinungen, sogenannter biologische Rhythmen. Auch andere Wissenszweige wie etwa die Wirtschaft oder die Naturwissenschaften beschäftigen sich mit der Wahrnehmung von Perioden. Vielleicht bewegen sich auch unsere Erkenntnisse und Glaubensintentionen entlang einem Sinus-Rhythmus. Der Lebenstakt spielt sich nicht nur physisch und psychisch in bestimmten Perioden ab, auch seelisch. Das bedeutet aber, dass wir das Niveau hoch erhalten sollten, um einen Absturz zu verhindern.

Aber was kommt danach, wenn die Zeit einmal vorbei ist? Aus der Relativität heraus ist ihr Ende bereits bestimmt. Was danach kommt, ist ihr nicht untergeordnet. Physikalische Theorien helfen da nicht weiter. Das was wir als Ewigkeit bezeichnen, erklären wir immer noch aus der Zeitlogik. Aus ihrer eigenen Begrifflichkeit ist Zeit schon längst verjährt.

Was brächte es uns, wenn wir Ewigkeit erklären könnten? Die irdische

Bewusstheit unseres Bestehens ginge uns verloren. Ewigkeit ist nicht durch ein Zuvor und ein Danach bestimmt, lehrt uns der christliche Glauben. Demnach ist Ewigkeit absolut keine Verlängerung des irdischen Lebens ins Unermessliche. Wenn das Irdische von vornherein die Ursache der Begrenzung ist, dann erhält schon jetzt das Zeitlose das Übergewicht über das Zeitliche. Der Bibel entnehmen wir die Weisheit, dass tausend Jahre wie ein Tag sind. Das Kontinuum von Zeit wird relativiert. Das Buch Genesis hört nie auf. Auf einmal erscheinen Jahrmillionen wie kurze Abschnitte.

Zeit könnte sich plötzlich auf null reduzieren, ohne der Nullpunkt selbst zu sein. Was über sie hinaus passiert, ist demnach zeitunabhängig. Wie immer man dazu steht, das Geheimnis wird sich vorerst dem Menschen nicht öffnen, mag er sich noch so auf den Kopf stellen. Aber sein Bewusstsein ist imstande, zu reflektieren, ob jenseits von Raum und Zeit etwas zu erwarten ist.

Das Beste am Leben ist die Zeit der Ewigkeit, heißt es in einem Song. Das ließe sich doch einmal überlegen. Wir laufen damit keineswegs auf einen esoterischen Zirkus zu. Metaphysik verzichtet nicht auf Realität, denn sie gehört zum Bewusstsein des Menschen. Ziehen wir jedoch des Weges, ohne zu reflektieren, werden wir ohne Sinn bleiben.

Was wichtig ist, sollte im Mittelpunkt des Interesses stehen, will betont sein. Wann wissen wir, was wichtig ist? Wir stoßen auf das Warten. Manchmal nervt es. Das Warten hat nicht nur eine psychologische Dimension. Es ist nicht wertneutral. Das Warten auf die Erfüllung kann dauern - das ganze Leben ist ein Warten. Vom Unermesslichen erhalten wir dazu die Zeit. Sie darf nur nicht unproduktiv vergeudet werden. Im christlichen Sinn ist das Warten mit Vertrauen verbunden. Gleichzeitig mit allen Möglichkeiten zu experimentieren, wäre ein falscher Ansatz. Die Entscheidung zählt. Vielleicht muss das erst erlernt werden. Wir sind auf der Suche. Das braucht Mut und Geduld.

11. GESELLSCHAFT UND GLAUBEN

Blicken wir auf die Zukunft, werden wir mit unserem Urteil immer kritischer. Natürlich wird sich die Welt weiter drehen. Dass die Jungen es schon irgendwie schaffen werden, entspricht nicht ganz einer optimistischen Antwort. Genauso wenig wie der Hinweis, das Schicksal oder der Zufall werde es schon richten. Da gibt es noch etwas anderes, das hinter der Entwicklung steht. Menschen werden immer neue Aufgaben vorfinden. Wie füllen wir Zeit sinnvoll aus? Es wird darauf ankommen, welche Erfahrungen wir dabei machen. Wie wir die Situation erkennen, wird uns formen. Was mit uns geschieht, lehrt uns, nicht einfach drauf los zu leben.

Wieder taucht die Frage auf, was der Mensch eigentlich sei. Wir pochen auf Solidarität, um zu erkennen wohin es geht. Das macht Gesellschaft aus. An sich selbst herumzuwursteln, wäre nicht ideal. Bisweilen drängt sich die Tendenz vor, sich abzugrenzen, das Fremde nicht an sich herankommen zu lassen. Doch wer sich in Separation aufgibt, ist schon von vornherein verloren. Das gemeinsame Interesse besteht darin, sich zu retten. Warum im Elend ausharren, wenn es einen Ausweg gibt.

Wir stehen vor einer ganzen Kollektion an Verhaltensmustern. Die Antworten werden mit einem großen Fächer an Tugend und Untugend, Humanität und Bestialität, öffentlichem Heil und Selbstbezogenheit gegeben. Die menschliche Unzulänglichkeit führt in die Verirrung. Trotzdem hält sie sich für unantastbar. Gesellschaft hat für jedes einzelne Subjekt Bedeutung. Die Weltgesellschaft braucht Kompetenz und läuft immer wieder Gefahr, sie zu

verlieren. Auch sie wird dazulernen müssen. Sie sollte sich das Luxusprodukt eines optimierten Mix ihrer Talente leisten. Wollen wir keine Fast-Food-Gesellschaft haben, werden wir der Glaubens-Qualität den Vorrang geben müssen.

Wir wissen sehr wohl, dass wir leicht verwundbar sind. Wollen wir uns mit verbundenen Augen ins Unglück stürzen? Das falsche Denken führt unweigerlich in Abwege hinein. Warum kippt die Gesellschaft an der Achse von Religion? Die kulturelle Verwahrlosung im Geistigen bringt uns nicht weiter. Ein Lösungsansatz wäre, nicht so sehr auf das eigene Ego den Strahl der Entscheidung zu richten. Die Sache des Glaubens verdient die primäre Aufmerksamkeit. Es könnte der Anstoß zum übernatürlichen Lebenserfolg sein. Vernunft und Bekenntnis spiegeln die Zusammenhänge wider. Wir merken es an der Parallelität von Wissenschaft und Religion. Wir brauchen beide, man kann nicht nur mit einem Flügel fliegen.

Glauben definieren wir als eine Grundhaltung, die auf Vertrauen und auf Wissen beruht. Wenn wir selbstgeformte Maßstäbe zur

Richtschnur machen, stoßen wir bald an die Grenzen der Vernunft. Ein solcher Glaube verzerrt. Wenn wir alles filterlos glauben, was im Internet steht, sind wir selber schuld. Kinder glauben in ihrer reinen Naivität, sie seinen unsterblich. Dabei wissen sie heutzutage manchmal über Waffentechnik besser Bescheid als ein Polizist. Viele junge Leute glauben immer noch der Kraft des Alkohols, der Zigaretten, der Drogen und schlittern ins Unheil. Mormonen glauben, dass Jesus in den USA als Messias erscheinen wird. ISIS glaubt an die Macht der Gewalt und des

Verbrechens. Zahllos sind die negativen Denkansätze von Glauben. Menschen haben nun einmal ihre eigenen Denksysteme. Diese sagen viel über ihre seelische Verfassung aus. Sie ist nicht immer okay.

Im Glauben breiten wir unsere Vernunftbegriffe aus, um sie in neuer Weise zueinander zu führen. Das religiöse Glauben folgt einem Führungsprinzip, das dem Übernatürlichen entspringt. Es geschieht etwas im Menschen, wenn er den ganzen Horizont erkennt, der das Leben ausmacht. Ist das Glauben richtig austariert, findet man den

Zugang zu den großen Dingen. Das bringt Perspektive. Dieses Glauben ist kein Luxus. Es offeriert den Sinn des Lebens über alle Probleme hinaus. Hinter dem Aufschrei der Menschen darf kein Fragezeichen stehen. Die Rationalität des Glaubens folgt dem Grundsatz einer Allmacht, der die magische Kraft der Bedingungslosigkeit entspringt. Der Rest ergibt sich von selbst.

Die Gesellschaft wird nicht auf dem Reisbrett entworfen. Schon allein deswegen nicht, weil es Konfliktfreiheit nie geben wird. Trotzdem birgt Gesellschaft in sich eine einigende Potenz. Diese darf nicht unterschätzt werden. Sie zeigt aber auch auf, dass wir Menschen miteinander gar nicht interagieren können, ohne uns bewusst oder unbewusst zu manipulieren. Wie stellen wir dann die Wertekoordinaten auf? Was kennt heute die Wissensgesellschaft außer dem High-Tech-Touch? Daten-Autobahnen bringen Schnelligkeit, aber noch kein Verständnis für Komplexitäten. Die Meinungen über die Wirklichkeit ins Internet zu schicken, wird nicht ausreichen. Wir können die kritische Reflexion nicht umgehen. Werte sind es letztlich, die eine Gesellschaft verbinden. Das gesellschaftliche Betriebssystem wird ständig neu konfiguriert, um auch Werte in Stellung zu bringen. Der ständige Strukturwandel drückt sich dadurch aus, nicht zufrieden stehen zu bleiben.

Nun sieht sich die moderne Gesellschaft mit Hass-Postings und absichtlichen Fakes konfrontiert. Nonsense-Texte komplettieren das Bild der tendenziösen Beeinflussung. Vielleicht geschieht dies auch nur aus Jux und Tollerei, oft aber steht eine beinharte Absicht dahinter. Ähnlich sind die alternativen Informationen im

Umgang von Glaubensinhalten und Agnostik beinhart auf Manipulationskurs eingestellt. Auch wenn versucht wird, im letzten Augenblick Quatsch-Äußerungen zurückzuziehen, haben die damit geschaffenen Verhältnisse das gesellschaftliche Klima längst schon vergiftet. Höchst unangenehm sind die Folgen, wenn das Geistlose des Materiellen sich vordrängt. Dann sind beide, Gesellschaft und Individuum, von Gier und Unberechenbarkeit bedroht. Die Wege zum Übernatürlichen zu finden, wird damit nicht einfacher gemacht. Unkenntnis über Vertrauen und Unwissenheit über den Lauf der Dinge führen direkt zum Egoismus und Fanatismus. Ist uns das Heil abhandengekommen? Daran müssten wir für die Zukunft arbeiten.

Die Gesellschaft zeigt auf, dass es nicht nur positiv gepolte Menschen gibt. Wir werden die Wahl haben zwischen der Haltung der Bejahung und der Nachlässigkeit. Letztere beutet aus. Dekadenz kann schon in den Schulen gelernt werden, Pervertierung ist überall möglich. So wird es zur Herausforderung, nicht einfach den Umständen freien Lauf zu lassen. Vielleicht gelingt es uns, das Lächeln des Gegenübers zu erkennen. Dann sind wir nicht minder veranlasst, diese freundlichen Gesten zu erwidern. Verfügen wir noch über genug Elan, zu reagieren und weiter zu machen? Wir wollen ja die positiven Dinge auch wahrnehmen.

Der Unfrieden ist überall zugegen. „Ich bin gekommen, um Feuer auf die Erde zu werfen" ist ein Bibelwort, das erstaunt und verwirrt, da eigentlich die Liebe und der Friede das Axiom der frohen Botschaft ist. Aber es ist nun einmal so, dass der Konflikt in allen Lebensverhältnissen nicht zu leugnen ist. Feuer per se hat unterschiedliche

Auswirkungen. Das erfahren wir und müssen es so zur Kenntnis nehmen. Das Kreuz ist da, der Konflikt besteht. Irdisches Leben ist schlechthin Konflikt. Wie kommen wir damit zurande? Auch im Konflikt ist das Stück Vertrauen vorhanden.

12. FAZIT

Wie organisieren wir also das Begreifen des Sinns? Es geht nicht um ein Thema, das sich analysieren ließe. Die Betrachtung geht tiefer, weil sie sich um unser Befinden in unserer eigenen Sphäre dreht. Kein Gewölbe wird konstruiert, um uns Platz zu schaffen. Eine Gewalt ist angesprochen. Ergibt sich eine Bindung an diesen Sinn? Greift der Sinn ein, verändert er uns. Was empfinden wir dabei?

Unsere Person steht ja auf dem Spiel. Unsere Motivation ist angesprochen. Ihre Bedeutung sollten wir schon erkennen können. Genügt die vorhandene Information? Neuartige Emotionen werden entdeckt. Auf irgendetwas wird sich das Individuum schon fixieren müssen. Die Schlüsselreize wurden beschrieben. Sie sind eng mit Kräften verbunden, die niemand negieren kann. Wir dürfen das Bild sogar nach unserem Gutdünken gestalten. Darin steckt alles Mögliche, angefangen von Empfindungen, Gefühlen, Sozialisation, bis hin zur Kultur. In den verschiedenen Etappen werden wir bewertet, sogar wir selber reihen uns irgendwo ein.

Finden wir den Sinn durch ein anderes Hören, ein anderes Sehen? Wir stoßen auf ihn, wenn wir uns am Überirdischen orientieren. Führen wir den Dialog ausschließlich mit der Gegenwart, fürchten wir, ihn zu verlieren. Er war schon im Vergangenen da und wird das Zukünftige prägen. Unser Geist, auf den wir uns berufen, steckt nicht im Gehirn, das ja ein Teil des materiellen Körpers ist. Das Geistige formt unsere Zustände. Bei den einen werden sie gestärkt, bei den anderen verblendet. Nie werden wir fertig, das Leben verstehen zu lernen.

Wissen wir noch genug, um zu unterscheiden und zu begreifen? Zum geistigen Rüstzeug kommt die Begeisterung. Diese braucht die Erfahrung, dass es das Licht gibt. Dann werden wir vielleicht wissen, was wir wollen. Den Ausgang bestimmen wir nicht selbst, wohl aber den Zugang. Trotzdem sollten wir uns bemühen, die Fehler klein zu halten. Es könnte gelingen, wenn wir unsere Einstellung zu den Prinzipien von Glauben, Hoffnung und Liebe auf den Prüfstand stellen. Was geben sie uns, was haben wir aus ihnen gelernt? Was brauchen wir dann noch?

Wie sehr bemühen wir uns doch, das Negative nicht hereinzulassen. Die Aufmerksamkeit bleibt gespannt, um nicht aus dem Gleichgewicht zu geraten. Denn wir ahnen, dass in der Harmonie alles konkret wird. Plötzlich steht uns vor Augen, was wir erwarten wollten, das Wahre. Während die einen noch damit beschäftigt sind, das Leben als gute oder schlechte Unterhaltung zu sehen, üben sich die anderen, den Blick auf das Ziel zu schärfen. Jede Anstrengung in diese

Richtung ehrt die Absicht und verspricht Erfolg.

Es wird wichtig sein, sich im Rhythmus des Überirdischen und nicht als Antipode zu sich selbst zu bewegen. Verzichten wir auf das Widersprüchliche in unseren eigenen Konstruktionen, haben wir schon viel gewonnen. An die Echtheit der Erwartung zu glauben, erfordert natürlich innere Kämpfe. Niemand möge meinen, es sei einfach. Die Gesamtheit aller persönlichen Motive wird sich auf das Neue ausrichten. Das Erwartete wird die Neugier befriedigen.

Entspräche die Frage nach Gott einem Wunschdenken, wäre es um die Frage nach der Wahrheit geschehen. Wir sind auf unsere natürliche Intelligenz angewiesen. Mit ihr nehmen wir uns wahr und formatieren uns selber. Den Sinn dürfen wir dabei nicht außer Acht lassen. Es wird viel davon abhängen, auf welche sinnstiftenden Kräfte wir uns verlassen. Halten wir uns den Schöpfungssinn vor Augen, gelangen wir zu besonderen Erkenntnissen. Wir lernen zu verstehen, dass es die unterschiedlichsten Kräfte, aber nur eine Transzendenz gibt. Da will man sich schon von einem expliziten Schutz umgeben fühlen.

Das einzelne Individuum nähert sich irgendwann einmal seiner Ur-Sehnsucht. Es liegt letztlich an ihm selbst, was es daraus macht. Allein auf seine Bedürfnisse darf sich niemand verlassen. Es ist wohl das zu tun, was das Übernatürliche fordert. Wenn der Mut zum Sinn verlangt wird, sind damit gleichzeitig die Kraft der Entscheidung und der Mut zum Risiko des Lebens gefragt.

Noch funktionieren wir ausschließlich auf der dreidimensionalen Ebene von

Realität einer irdischen Welt. Wozu unser geistiges Wesenselement imstande ist, bleibt noch im Nebel der Erwartung. Das für uns vorbereitete Potenzial kann momentan unmöglich eingesehen werden. Sich diesem Thema jedoch nur gleichgültig zu stellen, entspräche der Sinnlosigkeit. Dann wäre Leben wirklich nur Schein. Welch eine Zumutung – sie grenzt schon an Aberglauben. Also wird die Rückbesinnung auf etwas Absolutes schon etwas hergeben. Die Glaubens-Intelligenz verleiht dem Leben Sinn. Die Entscheidung liegt in jeder Person selbst.

Das Individuum ist Repräsentant und Gestalter seines eigenen Lebens. Im Hören und Schauen, gefolgt vom eigenen produzierten Denken liegt der Kern unserer Auffassungen. Dann ließe sich das „Sein Wille geschehe" schon erkennen. Aber nur wenn wir es auch anerkennen, sind wir stabil. Dann ist die Überheblichkeit des eigenen Könnens abgelegt, egal ob irgendeine Epoche durchstanden ist, Aufklärung erfahren wurde oder zukünftig mit Künstlicher Intelligenz umgegangen wird. Wir Menschen brauchen die Dynamik des Mutes, um den Sinn auszumachen. Wann greift da unser

Wollen ins Geschehen? Es geht um den Willen zur eigenen Veränderung. Das Bereitschaftspotential im Glauben läuft der Willensentscheidung voraus. Wir sollten diese Kraft nicht unterschätzen. Ein wenig Emotion und viel Einsicht sind notwendig. Die Ehrung des Übernatürlichen ist nicht überflüssig geworden.

J-G Matuszek

Universitäten Innsbruck, Salzburg, Perugia:
Empirische Wissenschaften, Systemanalyse, Politische
Wissenschaften, Internationale Beziehungen,
Kommunikationswissenschaften, Philosophie, Doktorat.
Sprachwissenschaften. Dipl-Dolmetsch, Magister.
Postuniversitär: Marketing, Werbung-PR-CI,
Management-Controlling, Innovations- u. Development-
Management. Lizenzierter Consultant.

Manager bei Multinationalen Konzernen.
Management- Contracting in Mittelständischen
Unternehmen. Consulting und Coaching. Vorstand und
Verwaltungsratspräsident mehrerer Unternehmen in
Deutschland, Schweiz. Geschäftsführung im Bereich
Zertifizierung von Firmen und Organisationen.
Stiftungsrat der Foundation „Globility-Circle".

Dozent an diversen Universitäten und Business-Schulen.
Buchautor.Ehem. Leistungssportler, Sporttrainer. High-
Tech-Kooperationen für Leistungs-
Diagnostik/Optimierung in Sport und Business.

Herstellung und Verlag: BoD – Books on
Demand, Norderstedt

ISBN: 978-3-7504-1894-3